大学生のための

東アジア
国際政治史
講義

浜口裕子

［著］

一藝社

大学生のための東アジア国際政治史講義
前編

前編目次

はじめに

4

装幀──アトリエ・タビト

はじめに

　本書は大学の「国際政治史」で使う教科書として作成しました。実際に私が拓殖大学政経学部で 2022 年 3 月まで受け持っていた「国際政治史 A」（前期）と「国際政治史 B」（後期）で行っていた講義をベースとして作成しています。

　2020 年より一時期、コロナによりオンラインでの授業を強いられたため、通常は教室で受講者を前にして板書やパワーポイント等のレジュメを用いながら説明していたものを、オンライン上で説明しなければならなくなりました。そこで普段の授業を文章化してオンラインで配信するといったことで授業を行いました。文章化にあたり、オンラインの授業でも通常の教室における対面授業に匹敵する理解をしてほしいと、できるだけわかりやすく、それでいて内容が劣るわけではないものをめざしたつもりです。大学の授業は 1 回の授業時間の長さにもよりますが、半期（半年）で 13 〜 15 回設定されているところが多いので、半期 15 回を想定して作ってあります。

　さて、「国際政治史」というと通常はヨーロッパを中心とした近現代の国際政治の動きの歴史を思い浮かべるのではないかと思います。本書は日本の大学で使われると思いますので、近現代の日本をめぐる東アジアの国際関係、国際政治の動きを中心に学ぶことを想定して書きました。前期のこの授業では、19 世紀後半から 1930 年代くらいまでの東アジア（日本、中国、朝鮮）の国際関係の歴史を学びます。19 世紀に入ると、東アジアでは次々にやってくる西欧列強の進出を受けて、それまで事実上の「鎖国」状況にあった諸国は、いやおうなくこれに対応していかねばなりませんでした。日本は比較的柔軟に対応し、その後、いわゆる「近代化」の道を歩み、近代化の面では日本に遅れをとった中国や朝鮮に対し、今度は自ら進出していくことになります。そこでは政治的なトラブルも発生し、戦争に至ることになるのです。

　日本は 1945 年 8 月以降—つまり戦後は今まで 1 度も戦争をしていませ

ん。しかし、前期のこの授業で扱う時代には、日本は様々な戦争を経験しました。日清戦争、日露戦争、第一次世界大戦、第二次世界大戦（日中戦争、太平洋戦争）、とても厳しい時代でした。講義の目的はいろいろありますが、まずはこのような厳しい時代があったということを知って欲しいと思っています。それはあなた方のおじいさんやおばあさん、あるいはもっと上の世代の日本人が通ってきた時代であるからです。それではなぜそうしたことになったのか、これに対しても様々な見解があるかと思います。簡単に答えられることではありません。ここでは東アジアの国際関係の動きに注目することで、その軌跡を追ってあなた方が考える材料を提供していきたいと思うのです。

　授業の内容は、決してやさしいものではないと思います。ですが、何かひとつでも、自分の問題意識や興味を持って学んで欲しいと思います。

　講義の最後に＜設問＞がありますが、これは主として復習に利用してください。この教科書に書いてあることをまとめて答えれば十分です。もちろん自分で調べて付け加えることも歓迎します。場合によりインターネットで調べてもかまいませんが、いわゆるコピペはやめた方がいい。自分の言葉で解答を書いてください。

　講義の前に講義全体の参考文献を掲げます。
　上原一慶他『東アジア近現代史』有斐閣
　川島真他『東アジア国際政治史』名古屋大学出版会
　池井優『日本外交史概説』慶應義塾大学出版会
　山田辰雄編『近代中国人名辞典』霞山会
　市川正明編『朝鮮半島近現代史年表主要文書』原書房
　家近亮子『新訂現代東アジアの政治と社会』放送大学教育振興会

　これらの本は、大学のテキストにするには、値段が安いわけではなく、また、内容も決してやさしいものではないかもしれません。東アジアの近現代史に関して書かれたやさしくて値段が手頃な本となると、私の気に入るものがあまりなくて、こういった参考文献の列挙になりました。私としては、一定の考えや思想、立場をおしつけるような書き方をしているものは選びたくなかったのです。

　これは一見、あたりまえで簡単なことのように思われるのですが、東アジアの近現代の国際関係を学ぶ上では、少々面倒な話になります。例えば朝鮮半島では、現在も北朝鮮（朝鮮民主主義人民共和国）と韓国（大韓民国）の同じ民族でありながら体制の異なる二つの国が対峙しています。かつて両国は互いに自分達が朝鮮半島における唯一の国家である、と主張していて、相手の国の存在を認めませんでした。北朝鮮の世界地図には韓国という国はなかったし、韓国でも北朝鮮の存在は認めていませんでした。お互いに相手の存在を認めず、対立関係にあったのです。「朝鮮」という呼称は古くからある民族や文化を表す美しい意味のある呼称なのですが、北朝鮮が国家の名称にこれを用いたため、不用意に「朝鮮」というと「北朝鮮を認めるのか」と政治的立場を疑われることになりました。加えて日本がかつて大韓帝国を併合して植民地にしたという歴史があります。併合に際しその呼称を「朝鮮とする」として、日本の植民地時代は「朝鮮」「朝鮮人」と呼んでいました。この時代、植民する側とされる側という立場になり、一部の日本人が朝鮮の人たちを蔑 (さげす) むといった態度をとったようです。そのことから日本人が「朝鮮」と使うとそれを思い出させ、韓国の方々にはあまりよい印象を与えないようです。ただ 19 世紀末から 20 世紀初頭のように非常に短期間で呼称が変化する場合もあります。そこではどうしても朝鮮と韓国と双方使うことになってしまいますが、そこに政治的な意味合いはないということを断っておきます。

　日本も中国も朝鮮半島も書かれているものを…と考えたのですが、なかなか教科書としてこれというものがありませんでした。そこでこれらやその他の文献を参考にして、私が授業用にまとめた内容を教科書として作りました。授業は基本的に各講、つまり 1 回ごとに完結した話にしています。

　実際の授業ではこのような内容に加え、理解を促すことに役立つと判断したその時々の記事や資料を使いました。テレビなどで流された映像を使用したり、実際に国際関係に携わった官庁の方やそのテーマの専門家を招いて話を聞く機会を設けたこともあります。それらを含めて、読者（受講者）が少しでも国際関係に目を向け、考える機会をもってくれることを願っています。

　2022 年 7 月 10 日

浜口裕子

第1講

前近代の東アジアの国際体系

I　華夷秩序

19世紀半ばまでの東アジアは、中国という圧倒的な大国を中心とした国際関係で動いていました。このような中国を中心とした国際関係の形を「華夷秩序体系」といいます。難しい字ですね。華は中華の華、夷は夷狄の夷、です。夷狄とは夷も狄も野蛮という意味です。いわゆる「中華思想」という言葉は聞いたことがあるかと思うのですが、中国は真ん中の「華」である、何の真ん中かというと文明の真ん中、文化の中心、ということです。そして中国から離れれば離れるほど「野蛮」＝夷狄という考えです。長い間東アジアはこのような考えのもとに、中国中心の上下関係にもとづいた国際関係を行っていました。

図 I-1-1　東アジア文明圏

日本はその中で「東夷」すなわち「東の野蛮なる国」と言われていました。朝鮮（Korea）は日本よりずっと中国に近いため、日本は朝鮮より「野蛮」という位置付けになります。朝鮮は中国の隣で地続きでもあり、超大国中国の影響をまともに受けつつ生き延びた国です。このような立場にあった国の典型に、朝鮮以外ではベトナムがあります。朝鮮やベトナムは、いわば中国の「衛星国」でありました。衛星国は他にもいろいろありましたが、今は日本の沖縄県になっている琉球もそのひとつです。琉球は王国だったのですが、江戸時代に薩摩藩に支配されるようになり、明治の廃藩置県により正式に日本の版図に組み込まれたという歴史があります。ではこうした位置付けにあった国々がどういう国際関係を行っていたのでしょうか？

　華夷秩序にもとづく国際関係は中国の周りの衛星国が中国に対して「朝貢」をして、その見返りに中国から「冊封」ということで、国王がいわば中国皇帝の臣として認めてもらう、という関係でした。言い換えると朝貢と冊封は中国皇帝に臣従を誓う諸国王が形成した上下関係にもとづく国際関係であったということです。朝貢とは、その国の－たとえば朝鮮の－国王が、北京の中国皇帝に貢ぎ物を持って挨拶にいく儀式をいいます。すると中国皇帝は、そのお返しの品を持たせ、返すのですが、これが「朝貢外交」です。また、この貢ぎ物のやりとりが実は「貿易」としてもいいのではないか、ということで、「朝貢貿易」などといわれたりします。

　しかしより重要なのが、中国皇帝は貢ぎ物をもらった後に、自身の名代としての使者（「冊封使」）をその国（例では朝鮮）に派遣し、そこでその国の王の任命式を行ったことです。国王はすでに決まっていますから、もちろんこれは形式的な任命です。これが「冊封」です。衛星国の国王としては、中国の皇帝から任命されたというお墨付き（正統性）を得て、安泰ということになったのでしょう。これにより、朝鮮国王は中華皇帝に臣従（事大）する、という意志を表したのです。ここで注目すべき点は、日本は政治的にはこの華夷秩序の国際関係とは一線を画していたことです。日本は朝貢外交はやっていません。ではこのような国際体系の中で、日朝関係はどうなっていたのでしょう。

Ⅱ　華夷秩序における日朝関係

　華夷秩序の国際体系の中で、日本と朝鮮は基本的には対等な関係を保っていた、といわれています。現代の感覚からすると、対等な関係なんてあたりまえと思うかもしれませんが、前近代の国際関係において、対等な関係を築くのはなかなか難しいことでした。この点、日朝間ではどうしていたのでしょう？

　実は日本の藩の一つであった対馬藩が間に入って調整したのです。対馬は現在では長崎県に属する大きな島です。韓国にも近くて、福岡と釜山の間くらいに位置しています。近年は韓国からの観光客で賑わっていますが、この島は江戸時代は一つの藩でした。すなわち、徳川将軍の臣下の立場にあります。この藩が、日本と朝鮮の間に入って、朝鮮に礼をつくす姿勢で貿易や通信使の受け入れに活躍しました。下の図にあるように結果として朝鮮国王と徳川将軍は対等になります。すなわち、日本と朝鮮は対馬藩を媒介として、対等で良好な関係を保っていたのです。

図Ⅰ-1-2　華夷秩序における日朝関係

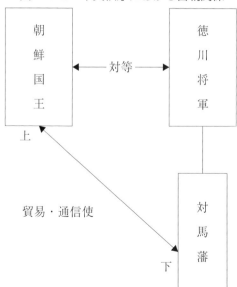

　そんなところに19世紀に入って西欧の船がやってくるのです。次にこれに対する対応を見ましょう。

Ⅲ　ウエスタン・インパクト（西欧の衝撃）

　19世紀半ば以降には、東アジアに西欧の船がさかんにやって来て、事実上の鎖国体制をとっていた日本や中国、朝鮮に開国を迫ります。西欧の船は長い航海の末、東アジア地域に到達して、水や食料、燃料等を補給する港が必要だったのです。ちなみに、日本は一応「鎖国」をして対外貿易は長崎の出島でオランダとのみ行っていた、と理解されているかもしれませんが、中国や朝鮮とは貿易がありましたし、前述したように朝鮮から通信使を受け入れて大陸の文化を吸収していました。そして中国を「上」とする華夷秩序の国際体系の中で、微妙な距離を持ちながら東アジア諸国との国際関係を保っていたのです。

　そんなところにいきなり西欧の船が来たのです。彼等の持って来た文明、国際関係の考え方は華夷秩序とは全く異なるものでした。彼等の国際関係はいわば「西欧国家体系」に基づいていました。西欧国家体系が華夷秩序体系と最も違うところは、一応、国際社会は主権において平等な国々の集まりである、ということを前提とした国際体系であったことです。比較的国力が近い国々が切磋して織りなしてきたヨーロッパの歴史から生まれた考えであると思われます。

　ところでこの西欧の船が持って来たウェスタン・インパクト（「西欧の衝撃」）に対する対応の仕方には、日本と中国・朝鮮ではっきりとした違いが見られました。結論を要約すると、日本は西欧文明やそれにもとづいた西欧国家体系を比較的早く受容し、開国をして、その後「近代化」の道をひた走ることになるのに対し、中国や朝鮮は、西欧文明や西欧国家体系を拒否し、華夷秩序に固執した、ということです。ではその違いの要因はどこから来るのでしょう？これも結論を簡単に言うと、その国が華夷秩序にどれだけ深く組み入れられていたか、ということによったのではないか、と思うのです。中国や朝鮮は華夷秩序にどっぷりつかっていて容易にそれを否定できなかったのに対し、日本は地理的にも文化的にも中華帝国との

間があり、また、ある程度の経済力があった日本は朝貢に頼らずとも生きていけた、ということではないでしょうか。このことは様々な事例で考察することができます。次の講義で、その中から一つだけ、アヘン戦争に対する東アジアの対応に関して、日本と朝鮮を比較して考察してみたいと思います。

＜設問＞

次の用語についてそれぞれ200字から400字程度で説明しなさい。
①華夷秩序
②対馬藩

第2講

西欧の衝撃－アヘン戦争

Ⅰ　アヘン戦争　1840～42年

　前講で指摘したウエスタン・インパクトに対する対応の中日韓比較を、アヘン戦争に対する対応を例にとって見ていきたいと思います。

1）アヘン戦争とは

　アヘン戦争とは、1840年から42年にかけてイギリス（英国）と中国が争い、イギリスが勝ち中国が敗れた戦争です。なにしろ長期にわたり文明の中心であった中国が敗れた、という一大事でした。これにより東アジア諸国は明確に西欧を意識せざるを得なくなりました。

　ここではまず簡単にアヘン戦争の要因を見ていきます。注目すべきは18世紀から19世紀にかけての英中間の貿易です。いわゆるシルクロードは皆さんも聞いたことがあると思いますが、中国とヨーロッパは昔からこのシルクロードを通して貿易を行っていました。ここを通ってやりとりされた有名なものに、絹や胡椒があります。ところでお茶も中国原産のものです。このお茶はイギリス人の嗜好にたいそうあって、イギリスは中国からどんどんお茶を輸入することになりました。つまりイギリスは中国に対して貿易赤字が続くことになり、銀が中国に流出していきました（図①）。困ったイギリスはこの貿易是正のために、当時植民地だったインドにアヘンを栽培させ、インドから中国にアヘンを輸出（密輸）するようにしたのです。アヘンは麻薬です。たちまち中国人の間に広まり、中国のアヘン輸

入は激増し、今度は中国側が赤字となり、銀の流出による財政逼迫等に悩むことになりました（図②）。

図Ⅰ-2-1　アヘン戦争前の英中貿易

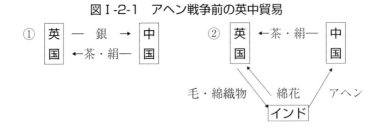

2）清朝の官僚・林則徐のアヘン輸入禁止

このような状況は、中国にしてみればたまったものではありません。アヘンは中毒性が強く、ひどくなると脳がおかされるとか、最後は廃人のようになって死に至るとか、いわれています。中国にとってアヘンの輸入は、社会的にも経済的にも危機的状況をもたらすものでありました。

アヘンの輸入は民族的危機をもたらす、としてその対策をとったのが、林則徐という当時の清国（中国）の大臣でした。彼はアヘン厳禁論者で、広東に赴き、英商人のアヘンを没収して焼き捨てさせる、という強硬策に出ました。イギリスは当時中国市場を開放したい、と動いていたのですが、このような事態になり開戦を決意、英中は戦争に至ったのです。

3）中国敗北

戦争の詳細は省きますが、結局、清（中国）は敗れ、1842年にイギリスとの間で南京条約が結ばれました。この条約締結で、アヘン戦争は終結し、清は上海、広州、廈門、福州、寧波を開港し、香港がイギリスに割譲されることになりました。香港はこの時以来、英領となりましたが、150年という期限がついていて、この条約にしたがい1997年にイギリスから中国に返還されました。この返還時に50年間（つまり2047年まで）香港を社会主義体制としない（一国二制度）としたはずが、大きくなる中国の影響力に香港の人々が不安を感じ、近年の混乱となっているのです。

Ⅱ　太平天国の乱

1）アヘン戦争の意義

　アヘン戦争はそれまで中国を中心とした華夷秩序体系の中で国際関係を考えていた東アジア諸国にとって大きな衝撃でした。華夷秩序の考えからすると、西欧諸国は最も中国から遠く、つまり「野蛮」なはずです。それに文明の中心の中国が敗れたのです。その影響は小さいものではありませんでした。まず、当事者である中国ですが、簡単にまとめると次のような影響がありました。

　第一に、清朝の権威の失墜、です。野蛮とさげすんでいた西欧の国に負けたのだから当たり前ですね。第二に、西欧列強の侵略の強化、が考えられます。中国は当時は大国として恐れられていましたが、あっさり負けてしまったので、「恐るるに足らず」と、西欧列強が清への進出を考えるようになります。

　第三に、中国経済の混乱、があります。戦争は行うのにも膨大な資金が必要ですが、負けると悲惨で、相手に莫大な賠償金を支払わねばなりませんでした。このお金を払うことで、国内の銀が少なくなり、銀の高騰を招きました。その上、南京条約により、今までは広東で行っていた貿易が、上海でもできるようになりました。地図で確認すると気づきますが、上海は広東＝香港よりもだいぶ北に位置しており、北京までずっと近い位置です。上海－北京間もずいぶん遠いですが、上海から香港まではさらに同じくらい距離があります。これまで広東から入って北京まで運ばれていた麻薬をはじめとする貿易物品は、上海から入れれば運搬がずっと楽になりますから、上海経由で入ることになりました。そうするとこれまで広東から上海までの麻薬の運搬で生計をたてていた人たちが失業してしまうことになりました。失業問題は、いつの時代にも社会不安を醸成させ、場合により政権を覆すほどの大きな問題となります。コロナ禍の中、財政赤字を抱える日本政府が難しい舵取りを迫られたのは、この点があるからとも言えましょう。

2）太平天国の乱

　そんな混乱の中で、当時の中国でも実に奇妙な動きがありました。1850年頃、広東・広西両省では開港の影響による経済的混乱に加え、飢饉（ききん）も起きる厳しい状況の中で、農民・流民が各地で蜂起していました。その最も大きな動きが、「太平天国の乱」と称される宗教的な反乱です。中心となったのは洪 秀 全という人物です。洪は当時の中国のエリートの道である科挙試験（公務員試験）を何度も受けるが、失敗し、病の床にあるときに夢を見たのだそうです。それはキリストが登場する夢だったそうですが、これを契機にキリスト教に目覚めた洪は、宗教団体を組織し、これが人々を吸収し、やがて政治革命の団体となっていきました。

　国号を「太平天国」と定めて揚子江下流に進出し、南京を占領（1853年）して革命運動を展開しました。この運動にはキリスト教の影響の他に、「反満興漢」つまり満洲族に反対し、漢族の世を創ろう、という清末の改革のエネルギーが加わって、大きな運動になったとされています。清朝の皇帝は満洲族ですから、清朝は少数民族の満洲族が人口の8〜9割を占める漢族を支配している王朝であり、このような志向は清末のさまざまな改革運動にしばしば見られます。太平天国は人間の平等や土地などの財産の共有・均分を唱えたり、注目すべきところもある運動でしたが、結局、指導層の内紛もあって清朝の軍に敗れ、滅亡しました。

　注目すべきことは、この時、清朝の曽国藩や李鴻章といった大臣クラスの高官がイギリスやフランスの援助を得て、これを鎮圧したことです。清朝の支配階級は自らの地位の保持のため、外国と結ばざるをえなかったわけで、結局、あれほど拒否していた西欧国家体系秩序を認めざるをえないということになったのです。

Ⅲ　日本と朝鮮の対応

　それではこのアヘン戦争に対して、日本と朝鮮はどのように対応したのでしょうか。次にそれを見ます。

1）日本

　まず、日本の場合です。「大国中国が火器（大砲）に屈した」という
ニュースは日本の支配層や知識人にとって大きな衝撃でした。その際、彼
等のとった行動は次のようなものでした。

　第一に、とにかく情報を集めました。それは次のような様々なルートで
集められました。

　①戦争についての書籍が輸入されました。どこから買ったかというと、
戦争の当事者である中国から中国語の本を買ったのです。膨大な量の書籍
が輸入され、これを読み分析した人々が建白書（意見書）を中央に寄せま
した。

　②長崎の出島にあるオランダ商館に入る風説書（今でいうと雑誌のよう
なもの）が、長崎奉行から江戸幕府あるいはそれに近い学者に送られまし
た。たとえば「阿片風説書」等アヘンについて書かれた本が長崎奉行から
幕府の目付にわたっていたようです。

　③中国商船経由で情報が集められました。中国政府のアヘン戦争に関す
る経過報告を商船が断片的ながら集めていて、これを提供してもらったの
です。たとえば「夷匪犯境録」といったものが、誠之館（老中・阿部正弘
の出身藩校）の蔵書の中に発見されています。開国時に政府の責任者であっ
た阿部の周りにこのような情報があったことを思わせます。

　第二に、そこからどういう政策を出したのか、ということです。日本の
幕府のとった政策をひと言で表せば、「現実的対応」ということではない
かと思います。たとえば、日本は1824年に異国船打払令という政策を出
していました。19世紀に入り、北のロシア等から船が来て脅威を感じて
いた幕府は、異国船（外国の船）が来たら打ち払え、という主旨の政策を
出していたのです。しかしアヘン戦争で中国が敗れた報に接し、たちまち
これを撤回しました。鎖国状態を全面的に変えたわけではありませんでし
たが、中国が敗れるほど－おそらくは自分たちよりずっと強大な力を持っ
ているのであろう西欧列強との危険な戦争を避けようとする現実的な対応
をとったのです。

　1853年にアメリカのペリー（Matthew C. Perry）が来て、すぐに開国
して日米和親条約を結び、さらに1858年には日米修好通商条約をも結ん

でいます。もちろん、こうした政策には反対する意見も多くありました。朝廷は必ずしもこのような動きには賛成ではありませんでしたし、各地で「尊皇攘夷」運動（天皇を尊敬し夷狄を打てという一種の排外運動）も起こったのですが、日本の場合、それも比較的早く変化していきました。

2）朝鮮

　これに対して、朝鮮の場合はどうだったでしょうか。北京が西欧軍に占領された、との報に接し、朝鮮政府はすぐに特別使節を北京に派遣しました。幸い朝鮮は北京と陸続きで、比較的近いところにあります。情勢調査をして、と、ここまでは日本と同じような対応でしたが、この調査の結果とった政策が、日本とは正反対の政策でした。朝鮮は、いわば鎖国と排外主義を強化したのです。

　例えば1860年にロシアが朝鮮とロシアと中国の国境を流れる豆満江下流の対岸へ来ました。また1864年と65年には、やはりロシア人が朝鮮に通商を要求していますし、1866年にはロシア軍艦が来航し、朝鮮に国交を要求したのです。朝鮮はこれらを全て拒否しました。

　また、1866年に丙寅教獄という事件が起こります。これは朝鮮国内に潜入していた9人のフランス人カトリック宣教師と数千名の信者が政府により逮捕され処刑されたという事件です。西洋の象徴としてのキリスト教の普及をおそれたのでしょうか。国王の父でこの時実権を握っていた大院君は「早く之を懲ぜずんば熱河の禍また将に我に在らん」（早くこれを懲らしめなければ、アヘン戦争で西欧の軍に北京が占領されたようにわが国もなってしまう）としています。

　この年、この事件に抗議するためフランスの艦隊7隻が朝鮮に来て、江華島付近を占領し京城（ソウル）に向けて攻撃をして、神父2名を保護しました。朝鮮政府は全力でこれに抗戦しました。大院君は次のように言っています。

「その苦に耐えずして、もし和親を許さば、則ちこれ国を売るなり。
　その毒に耐えずして、もし交易を許さば、則ちこれ国を亡ぼすなり。
　賊京城に迫る。」（その苦しみに耐えられず、国交をするということは、売国であり、その毒に耐えられず貿易をするということは、亡国である。

　賊がソウルに迫っている）

フランス軍としては予想外の朝鮮の抵抗だったようです。神父達がすでに
中国側に脱出したことがわかり、引きあげました。朝鮮はこれを攘夷の勝
利として排外主義をますます強化していったのです。

　1871年駐清米国公使フレデリック・ローが5隻の軍艦を率いて朝鮮に
開国を要求しました。しかし朝鮮は頑(かたく)なに拒否して、ついに戦闘になって
しまったのです。アメリカとしてはここで長期戦を行う意志も準備もして
いなかったため、諦めて引きあげました。朝鮮の西欧に対する態度は一層
強硬になり、華夷秩序に固執するようになるのです。

　以上、日本の対応と朝鮮の対応を比較しましたが、ずいぶん違いますね。
日本の対応は、現実的で悪く言うと「無節操」といえるかもしれません。
そのため、西欧国家体系の国際関係の中にいち早く入ってしまいました。
これに対し朝鮮は頑(かたく)なまでに西欧を拒否し、華夷秩序に固執しようとし
ました。この時代は、華夷秩序の親分格の中国－清朝が末期にあり、やが
て崩壊を迎えようという時期でもありました。その時代におけるこうした
対応の違いが、この後の歴史の大きな違いとなっていくのです。

<設問>

１，次の用語についてそれぞれ200字程度で説明しなさい。
　①南京条約
　②異国船打払令

２，アヘン戦争に対する日本と韓国の対応の違いについてまとめな
　　さい（800字程度）。

第3講

東アジアの植民地化(1)－日清戦争と台湾領有

　この講では明治維新以降、日本の対外関係が華夷秩序体系の国際関係から脱却し、日清戦争にまで至る経緯を学びます。

I　明治維新以降の日韓関係

1)「交隣」から「征韓」へ

　すでに1講や2講で指摘しましたが、前近代の東アジアの国際体系は華夷秩序の発想にある中華皇帝と周辺藩属諸国王との上下関係がそのまま反映した国際関係を作っていました。日本と朝鮮はこの華夷秩序の中で対馬藩を媒介とすることで対等な関係を保っていました。そんなところに19世紀後半に西欧の船がやってくる－いわゆるウエスタン・インパクト（西欧の衝撃）の襲来です。その対応の仕方が日本と朝鮮では対照的であったことは前講でくわしく検討しました。すなわち、日本は西欧国家体系を受容し、華夷秩序を否定していきます。その過程で、華夷秩序に裏付けられている朝鮮との関係の変更を望んだのに対し、朝鮮は西欧の国家体系を拒否し、華夷秩序にもとづく日本との関係の維持を希望したのです。江戸時代までの朝鮮と日本の友好善隣関係は大きな岐路を迎えることになりました。

2）日本の対応

　ここで日本の対応を見ていきます。1853年にアメリカのペリーが来航し幕府は初めてアメリカと交渉をしました。そして日米和親条約を結び、開国となりました。この経緯は、欧米列強が日本を西欧国家体系に引き込んだ過程と見ることができます。西欧国家体系の国際関係は、国際社会を主権において平等な諸国家の並存状態とみなすもので、上下関係にもとづいた華夷秩序の発想とは根本的に異なります。日本は確たる意識もないままに西欧国家体系の国際関係に引きずり込まれていったのです。

　日本はこの過程で朝鮮の華夷秩序意識を否定し批判し始めます。すなわち、あれは「頑固の悪習」である、としたのです。

　1868年に明治新政府が発足しますが、ここで、それまでの外交の担い手であった将軍職が消滅したわけです。これはそれまでの関係を存続させる理由もなくなった、といえます。では新たな対外政策はどういうものだったのでしょうか。

　実のところ、当初明治政府は明確な対朝鮮外交方針をもたなかったようです。しかしこれは特別に責められることとはいえません。どういうケースであっても、大きな政変や革命の後は、新政府は国内をまとめることで精一杯で、外交政策は二の次になりがちだからです。そんな時、「内政」と密接に関連して「征韓論」が出てきたのです。すなわち、政府内で誰が政局の主導権を握るか？といった問題に関連して、「征韓」という勇ましい考えが出て来るのです。

　少しだけ例をあげておきます。明治政府内で征韓論の最初の提唱者といわれているのが木戸孝允です。木戸は新政府内で岩倉具視、大久保利通らの「主流」からはずれがちでありました。また、長州出身の木戸としては大久保や西郷隆盛のような薩摩出身の者に対する批判があったのかもしれません。そこで、内には版籍奉還、外には征韓をもちだして政局の主導権奪回の突破口を開こうとした、といわれています。つまり、朝鮮を征服したい、といった意図はそこにはあまり出て来ないのです。その証拠に木戸は後になって明治政府の要職である参議という職に就任したところ、征韓のトーンがぐっと下がってしまい、むしろ国内問題を中心に考えるべしという「内治派」になっています。木戸の征韓論は、ですから「不純」な動

機のものだった、なんていわれてしまうのです。

　ところで征韓論を主張したとして有名な西郷隆盛の場合ですが、実は西郷もいたずらに韓国を成敗せよ、などということを主張したわけではありません。行き詰まっていた日韓交渉をなんとかしよう、そのための平和的交渉を望んでいたように思います。ただ、当時徴兵制度が出来る時で、彼はこれには反対だったようです。今の感覚ではなかなかわからないかもしれませんが、男子は20歳になったら誰でも兵役に就く、ということは、戦うことを生業としていた武士の特権を奪うもの、と考えられました。武士は藩に仕え、藩内の治安や防衛を担うことで俸給を得ていたのですから、明治維新でそれを失ったかつての武士達の不満が溢れていたのです。そんな不満は西郷の所に多々来ていたはずです。海外遠征をすれば職を失った士族の職場ができると考えたのかもしれません。旧士族階級からの突き上げもあり、西郷は征韓論を担わざるをえなかったのではないでしょうか。

　政府内は征韓論で揺れ、1873（明治6）年に、国内を優先する内治派と征韓やむなしという征韓派が閣議で激突し、一時征韓の方向へ傾いた閣議でしたが、非征韓派が天皇に上奏しこれを覆し、結局「時期尚早」として征韓は行われませんでした（明治六年の政争）。ここに見るように、当時の政府内の征韓論者も本気で征韓をやろうと思っていたのかどうか疑問ですが、これが近代日本のアジア観の出発点となり、方向性だけは残ってしまいました。

3）朝鮮の対応

　では朝鮮の方はどうだったでしょうか？朝鮮は西欧国家体系を全く拒否しました。華夷秩序にある朝鮮としては、西洋は「野蛮」なるものであります。日本でも「尊皇攘夷」（天皇を敬い夷狄を打て）に代表されるような排外運動は幕末にありましたが、朝鮮の場合それは極端に厳しいものでした。あくまで華夷秩序の中にいることが前提であった朝鮮は、西洋を「洋夷」と称し、次第に「斥洋論」（西洋排斥論）が言われるようになりました。朝鮮は華夷秩序存続を前提として日本との交隣関係の維持を望んだのですが、日本はその「野蛮」なる西洋諸国といとも簡単に結んでしまい

ました。朝鮮は日本を警戒するようになり、斥洋論が次第に「斥和（倭）論」（和も倭も日本を指す）になっていきます。そんなところに明治日本が国交要求したところ、朝鮮側が警戒して決裂となってしまいます。結局、日本は朝鮮に対し武力により開国を迫るのです。

4）江華島事件

　1875年9月日本が軍艦を朝鮮近海に派遣しました。目的は測量と示威（威力を示す）でした。朝鮮の西岸の江華島付近に達し、飲料水を求めてボートを出したところ、朝鮮側の砲台から砲撃を受けます。日本はこれに応戦し、付近を一時占領して、長崎に帰港しました。

　このできごとに対し、明治政府は朝鮮政府の責任追求を意図するのですが、とりあえず清国と欧米列強と交渉します。そして清が日朝間のトラブルを望まないということを確認し、また欧米列強も日本が対韓交渉で朝鮮の開港に成功すれば、それに便乗して朝鮮に進出できる、と考えていて、日本の行動を積極的に支持したことがわかります。それを踏まえて日本は朝鮮に強硬姿勢に出たのです。

　日本の強硬姿勢についに韓国は交渉に応じ、1876年2月26日日朝修好条規（江華島条約）が日本と朝鮮の間で結ばれました。日本は朝鮮を開国させたのです。日本は1853年のペリー来航以来結んだ欧米諸国との条約が、日本にとって不利なもので、ずいぶん苦しめられたのですが、今度は朝鮮に対し、治外法権等朝鮮側が不利となる不平等条約を締結したのでした。これにより、朝鮮は開港し、日本製品が朝鮮に入り、京城（ソウル）に日本公使館が置かれることになりました。

　実は国際関係の面で最も注目すべき点は、朝鮮に自ら自主独立の国であることを認めさせたことにあります。そんなことは当然と思うかもしれませんが、古くから華夷秩序体系の中で生きてきた朝鮮は、中国のいわば属国という位置付けにありました。中国に臣従することで生き延びてきたのです。「独立」とはすなわちこの中国（宗主国）との関係を断ち切ることです。無論、そのようなことは宗主国たる中国が許すわけがありません。しかし、中国との関係が、宗主国と属国である限り、別の国（この場合は日本）が手を出すことはできないのです。朝鮮に影響力を及ぼすことをね

らった日本にとって、朝鮮に中国との関係を断ち切らせる第一歩として、独立を認めさせることに成功したのです。そしてこの朝鮮をめぐる勢力争いが、日清戦争の原因になっていくのです。

Ⅱ　日清戦争

1）国際的背景

　この当時から朝鮮半島は「火薬庫」といわれていました。少しでも何かがあると、大事件を引き起こす可能性がある危険な場所、という意味です。ちなみに現在の世界でも、中東や朝鮮半島は「火薬庫」とされます。朝鮮半島は昔から周りの国が影響力を及ぼしたくてしかたない、という場所でした。大国中国と陸続きで日本海に突き出た朝鮮半島は、否応無しに周りの国家にとって戦略的価値が高い場所に見えたわけです。

　当時清国は朝鮮を自身の隣にある衛星国（属国）と考えていましたし、日本としても戦略的に考えロシアや中国（清）と対峙するにあたって、おさえたい場所でありました。また、東方進出が著しいロシアは東の方に港（不凍港）を求め、南下政策をとっていました。朝鮮は是非ともおさえたい場所だったはずです。ちなみにロシアという国はとても寒くて、多くの港は1年の半分くらい凍って使い物にならなかったとか。昔は飛行機などありませんので、鉄道と船が輸送の手段で、戦争も貿易も船が必要でしたのに、港が凍ってしまったらどうにもなりません。

　ところでロシアの南下の動きに眉をひそめていたのがイギリスです。イギリスはヨーロッパ方面でロシアと対抗していて、英露関係は緊張していました。イギリスはインドを植民地化していて、インド経営をつつがなく行うためにも、清国と朝鮮は緩衝地帯（中立地帯）にしておきたかったのです。また、香港など清国の南の方に利権を持っていたイギリスにとって、いたずらにロシアに南下されては困るというもの─ということで、朝鮮半島をめぐる情勢は、その戦略的価値ゆえにまさに国際的な火だねとなりそうだったのです。

2）朝鮮国内

　ところでその朝鮮ですが、先の江華島条約が日本に屈する形で締結されてしまった背景には、朝鮮自体の政情不安定がありました。国内の勢力争いの背後に、日本と清国が影響力を行使しようと干渉を行っていたため、政争が複雑化していました。非常に単純にいうと、清に頼って政権を維持させようという「守旧派」対、日本の援助によって内政・外交の革新を図ろうという「開化派」、の争いとなっていました。そんな政治的葛藤の中で日本は次第に清を「仮想敵国」として軍備拡張を行っていきました。

3）戦争勃発

　日清戦争勃発の引き金となったのが1894年に朝鮮国内で起こった東学党の乱です。東学は西学（キリスト教）に対抗して、儒教・仏教・道教を融合した新興宗教のようなものでした。これが「西学排斥」をかかげ朝鮮全土に波及していくのです。ウェスタン・インパクトに直面していた朝鮮社会において、キリスト教は西洋文化の象徴でした。これを排斥するという排他的ナショナリズムは当時の朝鮮の人々の心に響いて、農民層を吸収して波及したのです。この混乱にどう対応するか、ということから、日清間の戦争が勃発します。

　まず清国が朝鮮政府の要請に応じて東学党鎮圧のため朝鮮に軍を送りました。このままでは朝鮮は清国の完全な支配下に入ります。これに対し日本は、外相・陸奥宗光が閣議で「権力の平均を維持」するため日本も朝鮮に出兵すべきである、として兵を送るのです。中国との力のバランスを考えたのです。まもなく清から日清両軍同時撤兵の提案がありました。この清の提案に対し、日本は、それより日清共同で朝鮮の内政改革をしましょう、と返すのです。この提案、朝鮮を自身の属国としている清が受け入れるはずはありません。陸奥はその間に列国と交渉をし、その出方を見ていました。特にイギリスとロシアの出方を警戒していたのですが、結局、日本単独で朝鮮の内政改革を行わざるをえないことを列国に了解させました。英露の対立関係を巧みに利用したようです。

　その上で朝鮮に圧力をかけました。第一に、清との宗属関係を断ち切る

ようにと圧力をかけたのです。第二に、朝鮮に駐留している清国軍を駆逐することを日本に依頼しなさい、としたのです。日本としては戦争は清からしかけられ、朝鮮にも頼まれ、仕方なくやったのだ、という形にしたかったのです。

　ここに至ってついに日清間で戦争勃発（1894 年 7 月 25 日豊島沖海戦）となりました。

4）講和

　当時の国際的評価は、清国は国力の面で新参者の日本がかなう相手ではあるまい、というものであったでしょう。しかし大方の予想に反して、戦局は日本軍に有利に進展しました。日本としては英露対立を利用して、列強の干渉を避けつつ、清国に対して有利な立場を確立すれば、適当な時点で講和に持ち込むことでよい、と考えていました。

　1895 年 3 月、日清講和会議が開始されました。日本側全権は伊藤博文と陸奥宗光、清国側全権は李鴻章でした。4 月 17 日に下関講和条約が結ばれました。その主たる内容は次のようなものでした。

①朝鮮の独立（を清に認めさせた）
②遼東半島・台湾・澎湖島の清から日本への割譲
③賠償金 2 億両（日本円で約 3 億円）
④重慶、沙市、蘇州、杭州の開港
⑤揚子江の航行権の日本への供与
⑥最恵国待遇の確立

　以上のように、近代日本の初めての戦争により、日本は朝鮮半島からの清国勢力排除に加え、多額の賠償金や遼東半島、台湾を得ることになりました。当時の日本としては、大きな成果を得たのでした。

5）三国干渉

　ところが、戦勝に浮かれてはいられない事態が発生します。それが三国干渉です。主役はロシアです。ロシアはかねてから獲得を望んでいた遼東半島が日本に割譲されることに大いなる不満を抱き、ドイツとフランスを

誘って、これにいちゃもんをつけてきたのです。遼東半島は旅順、大連が
ある中国の東北地方南端にある小さな半島で、その重要性は朝鮮半島と同
様の戦略的価値をもつところにありました。現在、旅順や大連は日本人で
も観光することができます。旅順は特に面白く、かつて日本人が住んでい
た場所や、ロシア人が住んでいた場所を見ることができます。今もロシア
人の避暑地の一つになっていて、旅順、大連のホテルではロシア人観光客
を多く見かけました。

　そんな場所が、日本の手中に入ることを危惧したロシアの公使が、独仏
公使とともに、日本外務省を訪問して、遼東半島の返還を求めたのです。
これら大国の干渉の前に、日本は遼東半島を清国に返還することを決めま
した。国民はもちろん納得がいきません。政府は干渉受諾を天皇の詔勅と
して国民に伝え、「臥薪嘗胆」（将来を期して辛苦に耐えよ）をスローガ
ンにして国民の不満を抑えたのでした。

　とはいえその後の歴史的展開を考えると、日清戦争は朝鮮の独立を清国
に承認させたことによって、清の勢力を朝鮮から駆逐し、やがて日本が朝
鮮半島を支配する前提条件を形成するものだったといえます。また、19
世紀末における、華夷秩序体系にあった中国、朝鮮と西欧国家体系秩序に
入った日本とのせめぎ合いが、このような「戦争」を含めた国際関係をも
たらした、と見ることができます。

＜設問＞

１，次の用語についてそれぞれ200字から400字の間で説明しなさい。
　①東学党の乱
　②三国干渉

２，日清戦争の要因を、国際体系の変遷から論じなさい（800字程度）。

第4講

東アジアの植民地化(2)－日露戦争と韓国併合

I 日露戦争

1）国際環境

　日清戦争はそれまで「眠れる獅子」と恐れられていた大国中国（清）の予想外の敗北となりました。中国は実は「死せる鯨」であった、とばかりに列国の対清進出が活発化するのです。中でも急先鋒が三国干渉の主唱者であるロシアでした。三国干渉で遼東半島を日本から返還させ、清に恩を売ったロシアは、フランスと共同で借款を清に供与します。露清銀行を作って対清進出の足掛かりとしたのです。また、1896年に露清密約を結び東清鉄道敷設権を得ると、さらに1898年には旅順・大連一帯を25年間租借することに成功しました。ロシアは旧満洲（中国東北）地方一帯に大きな利権を得たのです。

　この時代、ドイツやイギリス、フランスも清国に租借地を獲得する等して清へ進出していきます。特に北方に利権を得たロシアと揚子江流域等に利権を持つイギリスとの間が対立を深めていました。

2）義和団事変

　そんな列強の対清進出は、清国内の排外熱を呼び覚まし、各地で排外運動が起きたのです。中でも深刻な事態になったのが義和団を中心とする運動です。義和団は山東省中心の宗教団体ですが、キリスト教の普及と外国

勢力の浸透に反対する運動を行っていました。これが「扶清滅洋」（清を助け西洋を撲滅せよ）というスローガンを掲げ、農民大衆を吸収して勢力を拡大、北京にまで至ったのです。北京には列国の公使館があるのですが、外国勢力の浸透を苦々しく思っていた北京政府は取り締まりを強化することもせず、1900年6月にはドイツ公使と日本公使館書記生が殺害されてしまいます。列国は公使館救出のための連合軍を派遣することにしました。

　義和団の運動に関して日本とロシアはキリスト教とはあまり関係がなく、排撃対象でもなかったため、当初は関心が薄かったようです。しかし状況が悪化し、列強は北京に地理的に近くて派兵しやすい日本とロシアに出兵を依頼します。日本は邦人保護等を考え慎重な対応をとっていましたが、結局、連合軍の一員として派兵しました。その結果、義和団は鎮圧され1901年には最終議定書が調印され一段落となりました。これにより清は列強に多額の賠償金を支払い、また列国に守備兵の常置権を認めることになり、清国の弱体化はさらに進みます。ちなみにこの時の賠償金の一部で日本は茗荷谷に東方文化学院東京研究所（現東京大学東洋文化研究所）を造りました。戦後は外務省の研修所として利用されていましたがそれを近年拓殖大学が買い取って、現在は拓殖大学の国際教育会館となっています。歴史的建造物として一般の方々も見学することができます。

　ところで義和団事件はその後に厳しい問題を引き起こしました。この時連合軍に加わったロシア軍がロシアに引きあげると思いきや、帰路の途中の満洲に駐留し、日本やイギリス、アメリカ等の抗議にもかかわらず駐兵を続けたのです。日本としてはこれは大きな脅威でした。日本は日清戦争の結果、朝鮮の独立を清に認めさせました。ようやく清の影響力を弱めることに成功したのに、その朝鮮半島の隣に敵対する勢力が来てしまったのです。さて、日本はこれにどう対応したのでしょうか？

　まず1901年3月段階で考えられたのが次の3つの選択肢です。第一に、ロシアの満洲進出に対し強硬に抗議する＝ロシアの出方によっては武力に訴えてもこれを阻止する、第二に、勢力を均衡させるため、ロシアが満洲にいるのであるなら、日本は朝鮮を占領する、第三に、ロシアに対し一応の抗議をし、直接行動は控え、後日適当な措置をする。

　第一の選択肢は大国ロシアとの戦争を覚悟しないといけません。第二にしても、微妙なバランスで保ってきた国際関係を崩しかねず、第三は時間

の経過にともないロシアと日本の力の差が開きかねず、いずれも決定的な
ものではありませんでした。しかし日本単独でロシアに軍事的に対抗する
ことは難しいということは指導者間で一致していました。

　決定的な方策がないまま、第四の選択肢として、当面ロシアと交渉して、
日本が朝鮮半島に優越権を確保することを認めさせ、その代わりロシアの
満洲経営の自由を認めよう（当時さかんに言われていた「満韓交換論」の
考え）ということを考えます。伊藤博文がこのような考えの代表的な論者
です。しかしたとえこれが成功したとしてもロシアの拡張主義的な動きに
対する恐怖はぬぐい去ることはできません。第五の選択肢として、事態の
根本的解決のためにもロシア勢力を満洲から駆逐すべし、そのためには、
日本と利害を同じくする国と協力してこれにあたるべし、という考えがあ
りました。ロシアと敵対する国と同盟関係を結び、ロシアを牽制しようと
いうのです。このような考えは1901年の後半から末にかけて出てきまし
た。これを主張したのが当時の首相の桂太郎、外務大臣の小村寿太郎らで
した。結局、実現したのは第五の選択肢でした。当時ロシアと敵対してい
た国―イギリスと同盟を結んだのです。1902年1月ロンドンで日英同盟
が締結されます。

　ところで、この時代に、列強は同盟や協商を結ぶことで国際関係を有利
にしていこうとするのが普通でした。そんな中で、イギリスはそれまでど
ことも同盟・協商を結ばず、「栄光ある孤立」といわれていたのに、極東
の新参者である日本となぜ同盟を結んでくれたのでしょうか？当時ヨー
ロッパ方面でロシアと対立していたイギリスは、アフリカ分割などで極東
に目を向ける余裕がなく、日本との同盟によって極東への発言権を確保し
よう、という意図があったようです。一方日本にとって、当時世界最強の
国であったイギリスと同盟を結んだことは外交上の大成功であり、日英同
盟はその後長いこと日本外交の柱となっていくのでした。

3）日露戦争

　日英同盟締結はロシア牽制のためですが、その成立により日本がロシア
に対して強い態度をとれるようになった面は否定できません。これを利用
して、ロシア勢力の満洲からの撤廃を実現しようという対露強硬派は勢い

を増していきました。桂首相や小村外相はそういった立場であったとされ、一方、伊藤博文は対露穏健派の代表的論者で、ロシアとの交渉を進めようとしました。ロシアでも強硬派が台頭し、ロシアは満洲で第一期の撤兵は行ったものの、第二期は行わず駐兵を続け、朝鮮にも租借地獲得や砲台建設を始めようとする有様でした。

　そんな中で、ロシアに対して譲歩することを否定する考えが固まっていきます。外務省や軍の一部でも強硬論を支持し開戦を主張する者が出て、世論は「ロシア打つべし」で盛り上がっていきました。政府は戦争になった場合、資金をどのようにねん出するか、頭を悩ましていました。これに関しては、外債を募集して、英米より各500万ポンド調達ということで見通しがたちました。イギリスは日英同盟がありますが、アメリカからはなぜ、このような多額のお金が調達できたのでしょうか？当時アメリカは満洲に経済的関心があったとされ、ロシアに挑む日本の後押しをしてくれたと思われます。

　1904年1月日本はロシアに最終的提案を提出しました。その内容は満韓交換の提案でした。しかしロシアの反応は、極めて冷淡でした。1904年2月日本はついに開戦に踏み切るのです。

　当たり前のことですが、戦争は結果がわかってするものではありません。勝敗もいつ終わりになるのかもわからずにやるわけです。戦争の勝敗は実はわかりにくいもので、要するに、勝った状態の時に終わりにすれば勝ち、負けた状態の時に終われば負け、なのです。国力からみれば、当時の日本がロシアに勝利するなどいうことは、考えられなかったでしょう。実際多くの国がそのように見ていました。しかし勃発当初、多くの予想に反して日本軍は有利に戦局を展開しました。あるところで読みましたが、ロシアの戦争のやり方は、緒戦はあまり本気を出さないのだそうです。ちょっとやって様子を見て、その後に十分な力を発揮するのだそうです。これに対して日本の戦争のやり方は緒戦を頑張るタイプだそうです。

　実際日本の内情は、火の車でした。当初日本は戦費を1年で4億5000万円程度と見積もっていたのですが、実は2年で19億円使ったとされ、武器・弾薬や兵員の欠乏に悩まされる自転車操業状態だったのです。開戦当初より戦争終結を考えていた日本の指導者達は和平に動き、1905年日本海海戦の勝利を講和のチャンスととらえ、5月下旬にアメリカのローズ

ヴェルト（Theodore Roosevelt）大統領に調停の斡旋を依頼しました。ロシア側も国内不安や財政難に鑑みて、これを受け入れたのです。

4）講和

　講和会議はアメリカのボストン郊外のポーツマスで開かれ、1905 年 9 月にポーツマス講和条約が調印されました。日本側の全権は小村寿太郎外相です。ロシアは本気の戦争までいかなかったとの意識があったのでしょう。日本に負けた、と認めることはしません。そんなロシアを相手に、日本は交渉をしなければならなかったのです。締結されたポーツマス講和条約の要点は次のようなものでした。

①韓国における日本の政治的・軍事的・経済的優越の承認
②日露両軍の満洲からの撤兵
③ロシアの南満洲の権益（関東州租借地、長春－旅順間鉄道）の日本への譲渡
④南樺太の日本への譲渡
⑤ロシア沿岸の漁業権の日本への供与

　頑ななロシア相手では賠償金や領土の割譲は簡単には見込めないところでしたが、この条約によって日本は確実に領土獲得あるいはその前段階になるような影響力を南樺太、南満洲、朝鮮に行使できるようになりました。それは韓国併合への布石となったのです。

　ただ、一方で国民は、日本の戦争中の苦しい内情など知りませんから、ロシアに勝ったのにこれでは…といった不満や憤慨の声が沸き上がりました。反対運動は広がり、ついに日比谷焼き討ち事件という騒動を起こしてしまうのです。

Ⅱ　韓国併合

1）国際関係

日露戦争の目的の一つは、朝鮮に対する日本の影響力・勢力を拡充する

ことにありました。日露戦争後のポーツマス条約締結により、ロシアはこれを認めます。また、日露戦争時に日本を後援してくれた英米両国は、すでにその時点でこれを容認していると解釈できます。アメリカは当時フィリピンを獲得していて、日本の勢力が南下してフィリピンに至ることを危惧していました。これを察知した日本は日本の朝鮮支配を認めるなら、アメリカのフィリピン支配を認める、という考えを示し、協定を結びました。イギリスはロシアが極東進出に代えてインド方面に出てくることを恐れていました。イギリスはインド防衛に対する日本の義務と引き替えに日本の朝鮮支配を認めるとして、第二回日英同盟が締結となりました。

　日本は朝鮮の支配権に関して、露、英、米の列強三ヵ国の了解を得た形になり、韓国併合への道筋をつけていったのです。

2）朝鮮への進出

　朝鮮における日本の優越権を認めさせる工作は 1903 年頃から対韓交渉が始められていました。1904 年 2 月に日露戦争が開始し、日本軍が京城（ソウル）に入っていき、日韓議定書を締結しました。その内容は、
①韓国政府は日本政府を確信し、施設の改善に関してその忠告を入れる
②日本は韓国皇室の安寧と韓国の独立・領土保全を保障する

　というものでした。日本はその後も韓国に対して、政治上・軍事上の実権を握るべく、また、経済権益の拡大を図っていくのです。

　1904 年 8 月には第一次日韓協約が結ばれ、韓国の財政・外交顧問に日本政府の推薦する外国人 1 名、日本人 1 名を置くことや日本への利権譲渡が約束されました。さらに 1905 年 11 月には日韓保護条約が結ばれ、韓国の外交権を日本外務省と日本政府を代表して京城に駐在する韓国統監に移譲することが約束されます。実質的にはここで韓国の内政まで日本が掌握することになりました。この初代統監に就いたのが伊藤博文です。さすがに韓国の外交権を公に奪うことになるこの条約には、反対が大きいことが予想され、日本側は日本の初代の総理大臣であった大物・伊藤博文を送り込んだのです。

　日々強まる日本の支配に対し韓国皇帝も不満を抱き、起きたのが 1907 年のハーグ密使事件です。オランダのハーグで第二回万国平和会議が開催

されたのですが、これに韓国皇帝が使節を送り、出席を要請したのです。オランダ始め列国は日本からの申し出がないとしてこれを拒否しました。日本はこれを機に皇帝に圧力をかけ、退位に追い込みました。1907 年 7月に新しい日韓協約が結ばれ、韓国の内政は完全に日本に掌握されることになります。これより、朝鮮軍が解散され、中央・地方の政府機関に日本人が配置され、財政・税制・学制改革がなされます。また、土地調査や農林水産の統制が行われ、朝鮮銀行が作られました。

　1909 年 10 月伊藤博文が韓国人ナショナリストの安 重 根<ruby>あんじゅうこん</ruby>に満洲のハルビンの駅頭で弾丸で撃たれ殺される、という事件が起きました。伊藤の暗殺は日本に大きな衝撃を与え、皮肉にも併合の気運の増大をもたらしてしまいました。1910 年 8 月 22 日日韓併合に関する条約が結ばれ、ここに独立国としての韓国は消滅し、日本の領土の一部となりました。

＜設問＞

１，次の用語についてそれぞれ200字程度で説明しなさい。
　　①義和団事変
　　②日英同盟

２，日露戦争時の国際関係をまとめなさい（800字以内）。

資料Ⅰ-4-1　日露戦争後の中国と列強

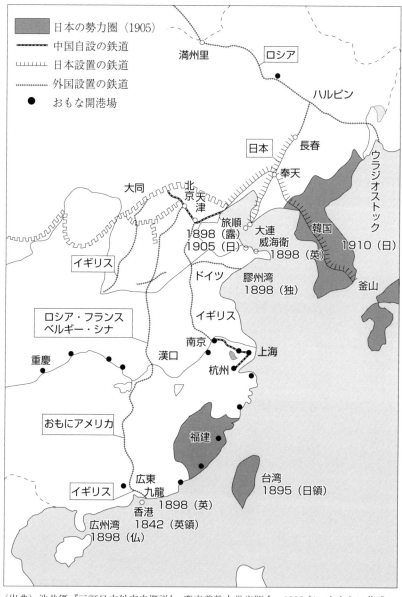

（出典）池井優『三訂日本外交史概説』、慶応義塾大学出版会、1992年、をもとに作成。

第5講

日露戦争後の日米対立：満洲問題と移民問題を中心として

I　国際情勢

　日清戦争、日露戦争と大きな危機を乗り越え、着実に国際社会における存在感を増していく日本ですが、そうなるとまた違った問題がおきてくるものです。その一つに、これまで良好と思われていたアメリカとの関係に変化が生じたことがあります。ところで、日露戦争の講和の斡旋をしてくれたのは、米大統領ローズヴェルトでした。彼はなぜ講和の斡旋をしてくれたのでしょう？

　その背景にアメリカが満洲（中国東北）に経済的進出を考えていたことがあります。これは日露戦争開始に際しアメリカから資金調達できた時の理由でも指摘しました。また、政治的には世界的パワー・バランスを見据えてのことであろうと思います。早期の講和により、日露両国のどちらかが決定的に勝利したり敗北したりすることが避けられ、極東における勢力均衡を保った方が米国の進出に余地が残される、と判断したのではないでしょうか。結果的に、日露戦争がこのような形で終結したことで、ロシアの極東における勢力後退が明らかになります。

　この時代、それまでの英露の対立よりも英独の対立がヨーロッパを中心に顕著になっていきます。ドイツはこの時代急激に力を伸ばし、それまでのイギリスの優位を脅かす存在になっていきます。ドイツはオーストリア、イタリアと三国同盟を結びます。イギリスは、露仏同盟を結んでいるフランスと英仏協商を結び、さらなるドイツ包囲網形成を目指して、日露の和解を促します。一方フランスも露仏同盟、英仏協商があり、日露の接

近を望みます。フランスと日本は極東における相互の権益を確認する日仏
協約を 1907 年に結ぶことになりました。このような動きにより、日露間
の提携の気運が促進されていきます。

　日本はポーツマス条約でロシアとの関係を一応落着させたものの、ロシ
アの復讐戦を警戒していましたし、ロシアも日本が再度攻撃を仕掛けてく
るのではないかとの疑いを持っていました。ロシアには、財政逼迫や革命
運動の激化に悩まされ、戦争は回避させたいとの思惑があり、日本やイギ
リスと妥協することにしたのです。こうして日露協約が成立します。1907
年 7 月に第一回日露協約が結ばれ、1910 年 7 月に第二回、1912 年 7 月に
第三回、1916 年 7 月に第四回が締結されています。

　日本外交はそれまで日英同盟を基軸としていましたが、そこに日仏協商、
日露協約が加わることにより、極東における日本の地位は著しく強化され
ることになりました。しかしこれはアメリカとのとの間に摩擦を生じるこ
とにもなったのです。

Ⅱ　満洲問題

　満洲（中国東北地方）は清国の主権がほとんど及ばないところでありな
がら、農産物や鉱物資源が豊富で平野部が広いため、列国がその利権獲得
を考えたのは当然でした。日露戦争により日本がロシアから南満洲の権益
を譲り受けます。日本はこの満洲経営のために国策会社の南満洲鉄道株式
会社（満鉄）を 1906 年 6 月に設立し、同年 8 月には遼東半島の租借地に
関東都督府を設立して本格的進出に乗り出しました。

　一方英米は、こうした日本の閉鎖的で独占的な動きを快く思っていませ
んでした。特にアメリカは満洲の「門戸開放」を期待していました。アメ
リカは列強による中国分割（英、仏、独、等）に遅れをとっていました。
アメリカとしては、列強とともに中国分割に加わる道もあったのですが、
「門戸開放」（Open Door）を主張することを選んだのです。日露戦争後は
ロシア勢力が満洲から後退してアメリカの物資を満洲に流入させることが
できるのではないかと期待して、日露戦争時に日本を応援した経緯があり
ます。ところが日本は日露戦争後満洲で軍政を存続させ、市場を独占し英

米の商品が入る余地がなくなりつつありました。アメリカの中でこうした日本に対する不満や批判が出ます。

　日本では 1906 年 1 月に西園寺公望内閣（外相加藤高明）が成立します。日本でも満洲の軍政を存続させるべきか否かで、意見の対立が見られました。外務省は国際的義務としての門戸開放をすみやかに実施すべしとしたのですが、軍政を敷いていた陸軍はその存続を主張しました。陸軍としては軍政を存続させ積極的に満洲で軍事的拠点を固めて日本の権益の拡大を図ろうと考えたのです。同年 2 月に陸軍の児玉源太郎と門戸開放を主張する元老伊藤博文らが集まり調整を試みますが失敗し、加藤外相は辞任します。首相の西園寺は自ら満洲視察に出かけました。5 月の協議会で伊藤が、満洲は日本の属地ではなく、清の領土であり、早く門戸開放して民政を施し清国に主権を返すべき、と主張し、ようやく民政への転換と、英米視察団の視察許可、大連に中国税関を設置すること、等について合意が成立しました。

　しかしアメリカとの問題が解決したわけではありません。アメリカとしては、綿布や石油、小麦等を満洲市場に売り込みたかったのですが、日本が先に市場を独占しつつある中でそれは容易なことではありませんでした。さらに鉄道に関してもアメリカは関心を寄せたのです。すでに 1905 年のポーツマス会議の最中にアメリカの鉄道王ハリマンが来日し、ロシアから譲り受ける南満洲の鉄道に関して、アメリカ資本を入れ日米合弁事業にすることを提案しています。これは閣議で了承され、桂・ハリマン予備覚書まで成立したのです。しかしポーツマスから帰国した小村寿太郎外相が南満洲の鉄道権益はすべての面で日本にとって非常に大切であると猛反対して、覚書を破棄しました。

　その後アメリカは満洲におけるアメリカの地位を高めるため、大量の資本投下を行っていきます。いわゆる「ドル外交」を展開したのです。アメリカは新たな鉄道建設を計画したり、満洲銀行設立案を出したり、ロシアから東清鉄道を買収しようとしたりしましたが、これらの計画はアメリカの経済的不況や日露の反対、出資が期待されたハリマンの死去、等により、実現されませんでした。

Ⅲ　移民問題

　日露戦争に勝利した日本への猜疑心に満洲問題も加わり、日本に対するアメリカの感情には厳しいものがありました。すでにポーツマス会議と前後してアメリカにおいて日本人移民の排斥問題が表面化していました。20世紀に入ると西海岸を中心に日本人移民が増加していましたが、これによりアメリカ人が職を奪われるのではないか、というのです。手先が器用で安価な労働力であった日本人に対し、人種的な感情も手伝い、東洋人排斥の動きとなっていきます。いわゆる「黄禍論」的な動きが見られたのです。1906年サンフランシスコで日本人学童を公立学校からしめだす市条例が出され、日本でもこれに反発する声が出ました。これに対しては日本側が譲歩し、1908年6月に日米紳士協約が結ばれ、日本が自主的に移民を規制することで一応の決着をみました。

Ⅳ　太平洋を挟んで

　日露戦争で日本海軍の働きを知ったアメリカは、日本の海軍力に脅威を抱くようになります。日本でもアメリカが将来的に日本の仮想敵国の一つとなることを想定する者もいました。たとえば1906年元老の山県有朋は田中義一陸軍中佐に「帝国国防方針案」を起草させます。田中案では、対露、対清作戦に加え対米作戦も予想したのです。山県が10月に上奏した「帝国国防方針案」では、対米作戦の項は削除されました。しかし1909年10月に決定された「帝国国防方針」では、ロシア、アメリカ、フランスの順で仮想敵国を想定しています。一方、アメリカ側も海軍当局が1907年に対日戦を想定した「オレンヂ・プラン」を作成しました。

　そんな中で、1908年に米海軍が世界周航を計画しました。それは海軍拡張をアピールし、日本への圧力を誇示することが目的でした。同年10月船体を白く塗った米艦隊が横浜に寄港します。日本はこれを歓待し、友好ムードで迎えました。その中で1908年11月に高平・ルート協定が成立します。ここでは、清国の独立・領土保全・機会均等を支持し、これが脅

かされる事態になった場合にはその措置に関して両国が意見を交換することや、太平洋における両国の現状維持が確認されました。ここにおいて日本はハワイ、フィリピンに領土的野心がないことを示し、両国間の緊張は一応回避されることとなりました。

　以上の論点をまとめ、ふり返ると、日米関係悪化の要因は、第一に、日露戦争後の極東における日本の力の伸長が顕著だったこと、第二に、満洲等をめぐる日米間の勢力範囲の争奪があったこと、第三に、太平洋を挟んだ海軍力の競争状態があったこと、第四に、アメリカにおける「黄禍論」的な動きに対して、日米で感情的にこじれていったという問題があったこと、等であったといえます。

　日本はこれに対し、満洲に関しては一応「門戸開放」の立場をとり、対米移民は自主規制をして、両国間で高平・ルート協定をむすび、なんとかこの場は乗り越えたのでした。ある国の国力の圧倒的な伸張が認められつつある時の国際関係は難しいものです。最近の国際関係でもこれと同様の現象が見られるのではないでしょうか。

第5講

＜設問＞

　次の用語について200字程度で説明しなさい。
①南満洲鉄道株式会社
②高平・ルート協定

第6講

辛亥革命と日本の対応

　辛亥革命とは、1911年に清国が倒れて中華民国ができた革命をいいます。この講では辛亥革命とこれに対する日本の対応を考えます。

　清末には清国内でも多くの改革運動がありました。代表的なものは「洋務」と「変法」でしょう。洋務運動はいわば「心は東洋」で「技術は西洋」を入れよう、という運動です。これに対し変法運動は政治思想や制度までも西洋のものを取り入れ、変えよう、という運動です。いずれもその担い手は旧支配層だったといえ、結果的にはこれらは保守派の壁を打ち破れなかったのです。そんな中で、清朝そのものの支配を否定してその上に新しい国家をつくらねばならないという考えや革命家がでてきます。その代表的人物が孫文です。ここではこうした流れを踏まえた上で、辛亥革命の要因を見て、これに対する日本の対応を考察します。

I　清朝崩壊の間接的要因

1）義和団事件

　第4講で触れていますが、日清戦争後に列強の対清進出が活発化し、それが清国内の排外運動を誘発します。その最大のものが義和団の乱で、義和団は農民・大衆を吸収して「扶清滅洋」を掲げて勢力を増し、1900年6月頃には北京へ到達し、ドイツ公使と日本公使館書記生が殺害されるという事態になりました。列国は連合軍を派遣してこれを鎮圧します。清政府もまた外国の進出に穏やかでなかったため、義和団を本気でおさえなかっ

た、という説もありますが、しかし外交官殺害となると戦争になりかねない事態で、清はその責任を問われることになりました。結局、清朝はこれにより多額の賠償金を負担し、かつ列強の軍が中国に直接入るきっかけを作ることになってしまったのです。これもまた清朝の支配の弱体化を促します。

2) 清朝の立憲運動の失敗

　清朝は20世紀に入っても「皇帝専制」体制をとっていた国です。そんな中でも立憲運動－すなわち憲法を作ってそれに則って政治を行おうという動きはありました。清朝内部でも1905年頃から憲法制定運動がありました。立憲運動といってもいろいろな考えがあります。そもそも立憲君主制（世襲の単独の君主により統治されるが、憲法による制限下におかれる）をとるのか、共和制（国民が選挙で選んだ代表者が合議で政治を行う）をとるのか－これはだいぶ違います。

　清朝内の立憲運動は結果的に失敗してしまうのですが、そこに至るまでには次のような経緯がありました。第一に、当然ですが保守派の反対があります。保守派が旧体制＝自らの地位の維持に動いた、ということです。しかし立憲君主制であれば認めようという考えも出てきました。第二に、穏健なブルジョアジーの存在がありました。清朝がとった富国強兵策により、この時代には中国でも地域によっては近代ブルジョア階級の芽生えがみられます。彼等はいわば「穏健なブルジョアジー」です。このような存在はしばしば社会の危機の緩和を招きます。彼等は専制政治に対する不満はあるものの、急進的な改革は望まない傾向にありました。それゆえ、立憲君主制を目指すのです。要するに清末の立憲運動は保守派とブルジョアジーに支持された緩やかで保守的なものでした。

　清朝内部での憲法草案は1905年から準備が開始され、1906年に発表されました。ところが三権が皇帝に集中し議会は議案提出権しかもたない、という専制君主制に近いものでした。そのためそれまで立憲運動を担ってきたブルジョアジーの失望を招き、彼等の清朝からの離脱を促しました。これがまた、清朝の弱体化を加速させたのです。

Ⅱ　清朝崩壊の直接的要因

次に清朝崩壊の直接的要因をまとめます。

1）飢饉

　1905年から1910年にかけて、中国では度重なる飢饉により、農村の状態が荒廃し、社会的に不安定な状態が続きました。ただ、中国の農村で飢饉は珍しいことではありません。「春窮」ということばがあります。春に窮乏する、つまり秋に収穫したものを冬に食べて過ごし、春になると窮乏する、ということで、昔の中国の農村では一般的なことでした。しかしあまりひどい飢饉では農民は生きていけなくなりますから、一揆等が起きて、社会不安を誘発します。清朝としては税収が減り、大きな痛手となりました。

2）鉄道国有化問題

　清では度重なる戦争の出費と敗戦で相手国に払う賠償金が膨大な額になります。さすがに清朝としても考えざるを得ませんでした。そこで保守派内閣は外国から借金をして国内の鉄道の国有化を図ろうとします。それまで鉄道は基本的に地元の有力者の資本家が造っていました。これを買収して国有化しようというのです。これには激しい反対運動が起きました。鉄道は輸送手段でもあり経済的意味があると同時に安全保障上の意味もあるものです。そんな大切なものを、外国資本の導入で買収するのか、ということで、地方資本家を中心とした鉄道利権回収運動は、国権回復運動となって広がっていくのです。結局、清朝はこれによって地方資本家を敵に回すことになりました。彼等は清朝に反旗をひるがえし、清朝保守派の孤立化が一層進むことになりました。

3）孫文を中心とする革命運動

孫文

やはり孫文の革命運動には触れないといけないですね。ここではあまり詳しく触れられませんが、孫文は勉強のテーマとしてはとても面白いので、興味があれば調べてみるといい。孫文は故郷で初等教育を受けた後、兄を頼ってハワイに行き、そこの高校で学びます。キリスト教の洗礼も受けたといいますから、要は西欧化されたエリートだったといえます。ハワイで興中会を組織、後にこれを中国同盟会として革命運動にかかわっていくのです。革命運動といっても既存の政府を倒すのは、簡単なことではありません。孫文らは何度も革命を起こすことを試み、打ち破れては、日本に亡命しています。東京には孫文が亡命していた、とされる場所があります。英語に不自由しない彼の大きな役目は、外国に頼った資金集めでした。日本人の中にも孫文を支援する人がいて、亡命した孫文をかくまったり資金集めに協力したりしています。

　1911 年 10 月 10 日中国湖北省武昌で革命が勃発します。これが辛亥革命です。武昌は現在ではコロナ騒動ですっかり有名になった武漢市の一部になっているようです。実は革命勃発の時、孫文は外国にいました。あわてて帰国して、革命の指揮をとるのです。ついに 1912 年 1 月に南京で中華民国の成立が宣言され、2 月には清皇帝廃位つまり清朝崩壊となりました。孫文は中華民国初代臨時大総統に就任します。

　この革命を推進したのは、①孫文ら革命家、②資本家（ブルジョアジー）、③清朝の官僚、です。清朝の官僚とは、清の軍閥であった袁世凱らを指します。袁は北方に君臨した北洋軍閥の創始者で、その地方にとてつもなく大きな力を持つ存在でした。直隷総督と北洋大臣を兼任していましたが、辛亥革命勃発後に内閣総理大臣に抜擢されています。北京付近に力を持っていたため、皇帝の廃位も実際には袁が行ったようです。

　孫文は革命の象徴的存在でしたが、これは対外的な見方であり、実際には国内的政治力を持つ北方軍閥と妥協せざるをえなかったのです。1912

年3月には袁世凱が孫文に代わり、第2代の臨時大総統になりました。袁はしかしもともと封建的勢力を基盤としている保守的人物です。革命派は次第に排除され、保守派が力を握っていくことになりました。袁は共和制の意義をどこまでわかっていたのか？自身が最後には皇帝になることを夢見て、それが実現できず失意の中で亡くなったともいわれます。辛亥革命は帝制（清朝）が倒されて共和制になった、という大きな節目ですが、「不完全な民主主義革命」とされるのはここにあります。これ以降中国は軍閥混戦の時代となっていったのです。

Ⅲ　日本の対応

第6講

1）革命勃発

　1911年10月10日に清朝政府を打倒する革命軍の蜂起があります。隣国日本はこれにどのように対応したのでしょうか。この事態に日本は次のような懸念を抱きました。第一に、日本の大陸進出への影響を考えました。この当時日本は韓国併合や日露戦争を経て朝鮮半島・南満洲を支配下においていました。その確保とさらなる利権の拡大にはどのように影響するかが気になるところでした。第二に日本の天皇制への影響です。明治維新により日本は天皇を中心とする中央集権的国家の建設を目指してきました。帝制を否定する革命は日本にどういう影響を及ぼすか、為政者はこれを心配したのです。

　革命勃発が10月10日ですが、10月13日には清が日本に武器の援助を要請してきます。日本はこの少し前の8月31日に西園寺公望内閣が成立したばかりでした。新体制がスタートしたばかりで、情報収集に不安がある中、素早い判断を迫られるのです。10月16日に対策案を決定しています。それは、清の武器援助要請を受け入れるが日本政府としては受けず、商人をして武器供給をさせる、そのかわり清に対しその対日態度変更と満洲における日本の地位尊重を要求する、というものでした。なんだか、日本の意図がどこにあるのか、わかりにくいですね。

　こうしたあいまいな対応案の背後には、日本国内での意見の分裂があり

ました。例えば陸軍出身で総理大臣経験者の山県有朋は革命軍を嫌悪し天皇制への危惧を表していましたし、原敬内相は一方に偏れば、他方の反感を買うだろうから「両者共に加担すべし」と主張しました。結果として、日本は商人を通して清政府に武器援助をする一方で、革命軍にも援助を行うのです。ただし、あくまで列国協調で、とされていました。

2）袁世凱の登場

　列国は革命勃発の状況に事態の推移を見守っていました。そのうち清政府が袁世凱を総理にすることを決します。袁は革命軍とも妥協しながら清政府を追い込んで行き、北方の軍事権を握ります。日本は日清戦争時に敵として対峙した袁によい感情を持っていなかったのですが、革命の混乱の中で安定勢力として認めることはしました。袁の登場を喜んだのはイギリスです。イギリスは揚子江沿岸等中国南方に大きな利権を持っていて、これが革命騒動に巻き込まれることを懸念していました。袁のような実力者が事態を収拾してくれることを望んだのです。

　日本としては、袁を信頼してイギリスに同調するか、警戒して袁が反日的動きをしないか探りを入れるか、袁の動きを懸念して妨害するか、でしたが、北京の伊集院彦吉公使は袁に期待をかけて援助しようとしました。伊集院は袁の意向は立憲君主制による事態収拾にあると見たのです。日本がイニシアティブをとって事態収拾を列国に働きかけることを目論見、内田康哉外相もそのように動こうとしたのです。

3）南北和平会談

　しかしイギリスに先を越されて動かれてしまいます。イギリスは袁との間で官革休戦の下工作行っていました。これを知らなかった伊集院は袁に不満を述べます。袁は列国干渉の恐れを感じて、日本の派兵を求めました。日本が情報収集をしているうちに事態は進展し、1911年12月20日南北和平会談が漢口で行われます。日本はこの動きにおいていかれた形になりました。日本はそのうち袁が動くだろうと事態を見守っていたのですが、その間にも事態は動き、清・英間の話し合いで共和制へ移行することが決

まってしまいました。天皇制をとる日本としては立憲君主制であってほし
かったのですが、これにはアメリカが反対しました。結局、共和政体に向
かって事態は進み、1912年1月1日孫文を臨時大総統とする南京臨時政
府が成立し、2月に清帝退位となったのです。以上を見る限り英国がイニ
シアティブをとり、日本は遅れをとり、日本の望む君主制の方向に事態は
動きませんでした。日本は情勢判断が甘かった、ということになりましょ
う。

＜設問＞

１，次の用語について200字程度で説明しなさい。
　①孫文
　②袁世凱

２，日本の辛亥革命に対する対応を800字以内でまとめなさい。

第7講

第一次世界大戦と日本

I 大戦前の国際情勢

　この講では第一次世界大戦と日本の対応について学びます。第一次世界大戦は人類が初めて経験した世界規模の戦争でした。従来の戦争の概念を覆してしまうほどの未曾有の被害をもたらしました。

　ここで第一次世界大戦前の世界情勢を簡単に振り返ります。ヨーロッパではそれまで多くの植民地を抱え、軍事力も経済力も抜きんでていたイギリスが国際政治の中心となっていました。しかし20世紀に入る頃にはドイツが発展し、軍拡と積極的な世界政策を進め、イギリスの優位を脅かすようになります。ドイツは1882年にオーストリアとイタリアの間で三国同盟を結ぶのです。これに対しイギリスはフランスとロシアに接近します。ロシアとフランスは1891年に露仏同盟を結んでいたのですが、さらにイギリスとフランスが1904年に英仏協商、1907年に英露協商をむすび、三国協商としてドイツ包囲網を作っていきました。

　日本は日英同盟を1902年に締結していますが、このようなイギリスの対ドイツ包囲網形成政策の動きの中で、日露協約を結びます（1907年～）。そんな情勢の中でイタリアはオーストリアと領土をめぐる対立が出たことや、軍事的にも経済的にも英仏と対立することは避けたいとの思惑から、三国協商に接近していきます。

　ドイツはフランスとの間がもともと良好とはいえないのですがこの時はモロッコ問題で揺れ、イギリスとは近東をめぐって対立があり、さらにロシアとはバルカンをめぐって対立していました。中でも危うい状態だった

のが、バルカン情勢です。バルカンは民族が交差する「ヨーロッパの火薬庫」とされていました。日露戦争後、ロシアは汎スラヴ主義の下にバルカンのスラヴ人を糾合しようとして、汎ゲルマン主義をとるドイツやオーストリアと対立していきます。そんな中で1908年オーストリアがボスニア・ヘルツェゴビナ地方を併合しました。実はこの地方にはスラヴ人が多かったのですが。そんな汎スラヴ主義対汎ゲルマン主義のせめぎ合いの中で、それぞれ背後に三国協商と三国同盟があったわけですが、二度にわたるバルカン戦争が行われました。

　　　　汎スラヴ主義　　　v.s.　　　汎ゲルマン主義
　　　　ロシア　　　　　　v.s.　　　独・オーストリア
　　　　三国協商　　　　　v.s.　　　三国同盟

　この時期、ロシア国内は革命運動で揺れており、オーストリア国内でも被圧迫民族の不満が渦巻く不穏な状況で、戦争に訴えて一気に諸問題の解決を図ろうとする声も聞こえるといった状態だったのです。

Ⅱ　戦争の勃発

　1914年6月28日ボスニアの州都サライェヴォでオーストリアの皇太子夫妻が暗殺されます。事件はセルビアの愛国主義的青年によるものでしたが、オーストリアはセルビア政府が背後にいる陰謀だと断じて、ドイツの支援をとりつけてセルビアに宣戦布告をしたのです（7月28日）。これが第一次世界大戦の始まりでした。7月30日ロシアが動員令を出し、8月1日ドイツがロシアに宣戦布告、そして8月2日独仏間で開戦となり、8月4日イギリスがドイツに宣戦布告をしました。まさに

　　　　連合軍（英・仏・露）　　　v.s.　　　独・墺

といったヨーロッパの主要国を巻き込む戦争となっていったのです。

Ⅲ　日本の参戦

　このような情勢を日本はどうとらえ、どう対応したのでしょうか？大戦

勃発の報に元老・井上馨は「国運の発展に対する大正新時代の天佑である！」と述べたといいます。「天佑」とは「天の助け」の意味です。日露戦争後東アジアにおいて存在感を増し権益を拡大させた日本ですが、さらなる国力伸張のために中国大陸における勢力の伸長が期待されました。大戦勃発でヨーロッパ列強がアジアを顧みる暇がないのは、まさにそのチャンス－これは天の助けである、ということです。特にドイツの山東権益がねらい時である、と考えます。日本は日英同盟を結び日露協約もありますから、三国協商側に立つことになります。

　連合軍（三国協商側）は当初、アジアにおいては日本の軍事力を期待しました。英仏共にアジアにおいて自国の権益を守りたいがために、日本の援助を頼むことにしたのです。8 月 7 日イギリスが自国貿易を妨害するドイツの軍艦を撃滅する目的で日本に参戦を要請します。日本の外相は加藤高明でしたが、彼は公使としてロンドン勤務の経験がある対英提携論者でした。かねてからイギリスとの協力により日本の地位を確立すべしと考えていた加藤は、早速参戦を決意したのでした。しかし陸軍や元老、政治家の中にはドイツを評価する対独提携論者もいます。加藤はこれに対し、日英同盟を強調し、この機会にドイツの根拠地を東洋から一掃し日本の地位向上を図るべし、と説得し、日本はイギリスの要請から 36 時間を待たずに参戦を決したのでした。

　ところが 8 月 10 日にイギリスが日本に参戦決定取り消しを求めてきたのです。イギリスは日本のあまりに早い参戦決定に疑問を持ったのでした。そこには日本の中国大陸に対する野心が透けて見えたからです。イギリスの取り消し要請理由は、次のようなものでした。第一に、イギリスはドイツの艦隊撃滅に日本の参戦目的を限定したが、日本は東アジアのドイツ勢力一掃の意向を示し、そこには中国におけるドイツ権益への日本の野心がみえたこと、第二に、自国内での戦闘を望まない中国がアメリカに働きかけ、極東（中国）中立化構想が出て来たこと、第三に、ドイツもアジアではイギリスと戦わないことを希望したこと、等です。

　だが加藤は強引にイギリスと交渉し、イギリスは戦闘地域を限定して日本の参戦に承諾を与えました。8 月 15 日に日本は対独最後通牒を発し、8 月 23 日に対独宣戦布告をしました。開戦後日本陸軍はイギリスと協力して青島を攻略、海軍は膠州湾を封鎖し、赤道以北のドイツ領南洋諸島を占

領したのです。一方、中国は中立を宣言し、日本軍撤退を要求します。しかし日本はこれに従うどころか、かえって中国内の利権拡大という日本の懸案を一挙に解決すべく、対華二十一カ条要求を中国に突きつけるのです。それは1915年－まさに第一次世界大戦ただ中でその行方が見えない時でした。中国の山東、満蒙などの諸権利を日本が確保しようとする二十一カ条要求を押しつけたもので、その内容には中国の内政干渉になるようなものも含まれ、後に日本外交の汚点とされるものとなります。

IV　大戦の経過

　ここで第一次世界大戦の経過を簡単にまとめます。その経過は次の四つの段階に分けることができます。
(1) 1914年8月〜1914年末＝勃発から緒戦の時期です。
(2) 1915年〜1916年＝両戦力膠着状態の時期です。
(3) 1917年＝ターニング・ポイントです。この年ロシア革命（3月）とアメリカの参戦（4月）がありました。
(4) 1918年〜終戦
　第一次世界大戦はそれまで人類が経験したことのない大規模な戦争となりました。次にその特徴をいくつかの面でまとめます。

1）戦争の長期化

（1）経済政策の重要性
　戦争を通じて経済政策の重要性が明確になりました。言い方を換えると、サプライラインすなわち軍事補給線の重要性が結果を左右したのです。それまでの戦争と比べ第一次大戦の場合は前線と銃後の区別がつきにくかったといえます。参戦国は、特に戦場となった国はいわば総動員体制をとらねばならなくなったのです。ドイツ国内は物資や弾薬が不足し、後方と連絡がつかない状態になったことが敗戦の要因の一つであるとされます。ドイツでは1914年末から生産能力を軍需産業に結集し、翌年にはパンの切符制度（配給制）が始まり、人々は厳しい生活を強いられます。軍備拡張

は国民の犠牲の上になされたのです。このような状況は多かれ少なかれイギリスもそうなのですが、こうなると戦勝の行方には、国力そのものが大きくかかわり、また戦争が社会のひずみを生み出した、ということになります。

(2) 相手陣営の弱体化

そんな中で参戦国の間で、相手陣営から自陣営に引き入れる工作が手段を選ばず行われました。たとえばイタリアは三国同盟を結んでいたのですが、英仏に接近し、開戦時中立宣言をしました。両陣営から誘いがあったと思われます。英仏はイタリアに、イタリア北方にあたるトレンティノ、南チロル等のオーストリア領土を与える約束をしたのです。イタリアは1915 年 5 月に三国同盟破棄を宣言し、オーストリアに宣戦布告をしました。

日本もこうした引き抜き対象とされます。日本がドイツの山東権益をほしがっていることは、各国承知の上でした。ドイツは山東権益を代償として日本を自陣に取り込もうとします。しかし日本は日英同盟を盾にこれにのりません。1916 年には第四次日露協約を結び、日、英、露が結束する形を崩しませんでした。1917 年 1 月イギリス政府が日本に、ドイツの潜水艦 U ボート対策のために、海軍の地中海派遣を要請してきました。日本はこれに協力する代わりに、戦後の講和会議で山東権益と南洋諸島を日本に譲渡するようにと、要請しました。イギリスはこれを承諾し、仏、露、伊にも約束をとりつけたのです。

第 7 講

2) 戦局

戦局は東部戦線ではドイツ・オーストリア側が有利だったとされます。ところがドイツ側は海上権を喪失してしまいます。これは軍事物資調達に打撃を与え、国民生活の窮乏に直結しました。

西部戦線ではドイツが総攻撃をしかけます。50 万人の兵力をつぎ込んだとされますが、この攻撃は失敗に終わります。その後英仏総攻撃にあいます。英仏側 90 万人、ドイツ側 60 万人の犠牲者を出したとされます。武器・弾薬の消費量は飛躍的に増大し、飛行機や戦車等の新兵器が登場し、戦場はますます過酷なものとなっていきました。映画にもなったレマルク

の小説『西部戦線異状なし』では、普通の若者が戦争で様々な経験をし、戦場に散っていく様子が描かれますが、主人公の青年が亡くなったその日にも「西部戦線異状なし」という電報が届くということで戦争の残酷さを表しています。

3) 戦争の終結

　1917 年はこの戦争のターニング・ポイントとされます。戦局を左右する大きな出来事があったのです。一つは、アメリカの参戦です。アメリカは戦争勃発以来中立を宣言していました。アメリカはこの間貿易で急速に経済成長をしています。はじめはイギリスが通商を圧迫していると抗議していたのですが、イギリスが海上権を支配するようになったことでその恩恵を受けるようになりました。その上、ドイツが無差別に船舶を撃沈すると宣言し、ドイツの潜水艦Uボートに対する米世論がますます硬化したのです。1917 年 4 月 6 日アメリカは対ドイツ宣戦布告をして、参戦しました。アメリカは連合国側に軍事物資や財政援助を行い、これにより連合国側は圧倒的に有利になります。また、これはアメリカを大債権国に押し上げていくのです。

　二つ目は、ロシア革命です。ロシア帝国は以前より革命的混乱の中にありましたが、第一次世界大戦はその社会的矛盾を一気に表面化させました。1917 年 2 月には首都のペトログラードで労働者のストライキが起こり、やがてこれが暴動となり、軍隊の反乱も招き、政府軍は解体、権力はソヴィエット（協議会）に移ります。3 月 15 日皇帝ニコライ 2 世がその座を降り、ロマノフ王朝は崩壊したのです（二月革命）。一方、主戦論者は皇帝を廃して仮政府で戦争続行を強行しようとしました。4 月にレーニンが帰国して革命指導を行うようになります。ドイツはそれ以前からロシア国内の少数民族に働きかけ、その離反を画策したり、資金を流して革命をあおっていました。

　結局 11 月 7 日ソヴィエットが政権を握り（十月革命）、戦争は中止され、独との単独講和交渉に入りました。無併合・無賠償・民族自決が話し合われました。1918 年 3 月 3 日ブレスト・リトヴィスク条約が結ばれ、独露は休戦となりました。

　この頃から大戦は峠を越し、収束に向かいます。ドイツの勝利は不可能との見通しが明らかになるのです。1918 年 9 月ブルガリアが休戦し、10月トルコも休戦しました。10 月上旬にはドイツは米大統領ウィルソン（Woodrow Wilson）に講和交渉の申し出をします。1918 年 11 月にはドイツで革命が起こり、ドイツは共和国となりました。1918 年 11 月 11 日連合国とドイツとの間に休戦が成立し、未曾有の犠牲者を出した世界大戦は幕を閉じたのです。

＜設問＞

１，次の用語について200字程度で説明しなさい。
　　①日露協商
　　②汎スラヴ主義

２，日本が第一次世界大戦に参戦した理由をまとめなさい（800字以内）。

第 7 講

第8講

ロシア革命をめぐる日米関係

I　革命の衝撃

　本講ではロシア革命をめぐる日本の対応をとりあげます。特にシベリア出兵問題を中心に日本とアメリカの関係が悪化していく原因を考えます。

1）ロシア革命勃発

　ロシア革命は、第一次世界大戦中に帝政ロシアが崩壊しソヴィエット（協議会）が政権の座に就く国ができたという、世界史上初の社会主義革命です。1917年3月に帝政ロシアが崩壊し、ロマノフ王朝に代わってソヴィエット支持の臨時政府が権力の中心となっていきます。11月にはボリシェヴィキによりソヴィエット政権が樹立され、世界初の社会主義革命が宣言されました。

2）日本の対応

　ロシアのこの状況は日本にとっては大きな衝撃でした。日本は1907年に日露協約を成立させ、中にはそれを日英同盟に代わりうる日本外交の支柱となるものと期待を寄せる者もいました。1916年には第4回日露協約を結んでいます。その上進行中の第一次世界大戦においてロシアは三国協商の構成国で連合国として日本も同陣営で戦っています。革命はそれを覆す事態でした。しかも歴史上それまで類を見ない社会主義国の誕生です。

帝政が否定された上に全く新しい政権の出現にどう対処するのか、日本は孤立感と錯綜する情報に揺れました。

臨時外交調査会（1917年にできた天皇直属の外交政策審議機関）でさっそくこれが議題となります。日本としてはこの事態に干渉すべきか、非干渉でいくか、単独で関与するか、列国協調でいくか、議論がなされます。元老・山県有朋等はこの事態が日本の天皇制に対する脅威となるのでは、と危惧し、日英同盟がアメリカとの関係で頼りがたい状態になっている時に重要度を増している日露協約の行方を憂いたのです。

しかし陸軍を中心として、革命発生によりシベリアや北満洲のロシア勢力が後退したこの時こそ、日本が南満州から北満州へ侵入するチャンスであり、極東ロシア一帯に勢力を拡大しよう、という考えが出ました。ロシアは日本にとって長年脅威とみなしてきた国です。この機会に日本の安全を確保すべし、そのためにシベリア出兵をしよう、というのです。陸軍参謀次長の田中義一等がそうした主張をしたのです。

本野一郎外相も出兵論でした。本野は駐露公使としてロシアに滞在経験があり、帝政ロシアの支配層に知己も多く、これらを追放した革命派に対する反感があったようです。

これに対して臨時外交調査会の中では原敬、牧野伸顕（のぶあき）が「出兵無用」として明確な反対を唱えました。その理由は対米関係を憂慮してのことでした。出兵といってもアメリカとの間に合意が成立しているわけではない、第一次世界大戦中でもあり、静観すべし、としたのです。ロシアからの的確な情報も不足し革命の行方もわからない状況で、出兵に賛成することはできなかったのでしょう。特に普段は温厚な牧野が強硬に反対し、出兵論に傾く調査会に対し調査会を辞任する、として抵抗しました。

Ⅱ　アメリカの対日呼びかけ

列強の中でもイギリスとフランスはロシアと同陣営でドイツと戦争をしていたので、そのまま対独戦を続けて欲しいという観点から、革命に干渉することを望み、日本やアメリカに出兵を要請します。アメリカの態度は当初はっきりしませんでした。ランシング（Robert Lansing）国務長官は

干渉派であったとされます。しかしロシアにいたロビンズ（赤十字）、ハウス（大統領顧問）は干渉に反対でした。現地にいた彼等は、ボルシェビキ政権はじきに成立するだろう、帝政ロシアの崩壊は干渉によって止められるものではない、と見たのです。

　ウィルソン大統領は悩みましたが、それが変わったのがチェコスロヴァキア軍事件でした。シベリア鉄道沿線でチェコ軍とボルシェビキ軍が衝突し、チェコ軍が包囲されたとの報が伝わったのです。1918年3月にボルシェビキ政権がドイツと単独講和を結んだため、英仏が東部戦線再建のため、アメリカに出兵を要請していました。アメリカはチェコ軍救出のため出兵の意志を固め、日本に共同出兵の要請をしてきたのです。1918年8月日米共同出兵宣言が出されました。

Ⅲ　限定出兵か無限定出兵か

　アメリカの要請に応じた日本は共同出兵を決めますが、問題はその内容でした。アメリカが、人員7000名程度で地域はシベリアの一地域に限定して要請したのに対し、日本は寺内正毅首相や陸軍の田中義一らがチェコ軍救出にとらわれず地域を拡大することを申し合わせていました。日本軍は8月にウラジオストックに上陸し、9月にはハバロフスク、10月には東部シベリア一帯を占領します。兵員も拡大し最大で7万2400の大軍を送ったのです。

Ⅳ　日米間の対立

　日本の出兵はアメリカの疑惑を招きます。米陸軍は日本の出兵は領土拡大の野望の表れではないかとして、シベリアの様子を注視していますし、米通商局は日本が東支鉄道を自分のものにしようとしているのではないかと疑念を向けます。さらにランシング国務長官は日本の全面出兵に、兵力過大である上に北満やザバイカル東部で行った工作等について激しく抗議したのです。

第8講

V　日本の対応

　アメリカの抗議を受けて、日本はある程度譲歩を見せます。第一に、減兵しました。第一次は兵を14000名減じ、第二次には2万6000名にまで減じました。第二に、東支鉄道は国際管理にする、とします。第三に、日本軍の勢力後援を利用して現地民を抑圧していたコサック軍の支援を控えよと命令します。このような日本の譲歩に、アメリカは一応日本の膨張は影を潜めたと評価したのです。

VI　日米合意ならず

　ところがこれで事態がおさまったわけではありませんでした。その背景には、日本軍が現地で反革命政権づくりを工作して、結局うまくいかなかったことや、先の鉄道国際管理も実現できなかったことがありました。

1）アメリカ単独撤兵

　1920年1月アメリカは突然撤兵を宣言し、単独撤兵してしまったのです。日本への通告もなく、日本は衝撃を受けました。駐日モリス米大使は「今回の撤兵は日本にいる親米自由主義者のプライドを傷つけ、大きなショックを与えるだろう」と言っています。駐日大使としては大きな役割を果たすべきところが、母国に無視された無念の思いがあったのではないでしょうか。

2）日本単独駐兵－「自衛出兵」

　こうして共同出兵のはずが、突然日本の単独出兵になったのです。原敬内閣は日本単独の出兵継理由を、朝鮮・満洲に対する過激派（ボルシェビキ）の脅威から護る、として兵を留めました。しかしシベリアの寒さは尋常ではありません。10月11月くらいから厳しい冬の寒さになり、最も

寒いときには零下50度60度にもなるといわれます。加えて、混乱に乗じたゲリラも出没し、死傷者3500名は出たともいわれます。第一次世界大戦は終わり、国際連盟が成立し、ワシントン会議が開かれるという時代的流れの中で、日本の中でも出兵を続けることを疑問視する声が出ます。ところが尼港事件が起きてしまいます。それは1920年2月ニコライエフスク（尼港）を占領中の日本軍がパルチザンの襲撃を受け、捕虜となった在留邦人700名余りが5月に全員殺されるという悲惨な事件でした。これが世論の悲憤をあおり、日本の駐兵範囲の縮小をはばみ、日本軍は引き際を失ってしまったのです。

Ⅶ　対ソ国交樹立

その一方で、日本では新たに誕生したソヴィエット政権との国交を模索する動きもありました。それを三つの段階で説明します。

1）第1期：1917年11月〜

10月革命でソヴィエット政権が誕生した直後の時期です。当初日本はこれの承認を拒否し、むしろ反革命政権樹立に力を注いでいました。社会主義政権を受け入れられなかったのです。その動きの一つがコルチャック（Alexis Kolchak）によるオムスク政権を後援したことです。ところがコルチャックは1920年1月に暗殺されてしまいます。

ソヴィエット政権は単独出兵となった日本に対して講和を要請してきました。しかし、講和には尼港事件が水をさします。一方、チタに非共産主義を標榜する極東共和国が樹立され、1920年5月にはこれをソヴィエット政府も承認します。極東共和国は日本の撤兵を目論むボルシェビキ指導で樹立された緩衝国家でした。日本としては過激派でない政権による統一まで撤兵させまいと考えており、極東共和国に便乗する形で交渉しますが、決裂してしまいます（1922年4月）。さらに極東共和国・ソヴィエット政権と日本の会談がソヴィエットのリードで行われますが、これも決裂します。

2) 第2期：1922年10月〜

後藤新平

結局、日本は何も得るものもないままに、シベリアから撤兵し、1922年10月に撤兵が完了します。翌11月にソヴィエットは極東共和国を併合しました。ここから活躍するのが当時東京市長で拓大学長でもあった後藤新平です。医者でもあった後藤は「適者生存」の原理で国際関係を読み解き、ソヴィエットを適者ととらえ、日米関係が悪化する中で中ソ間が接近することを恐れ、ソ連との国交に注目していたのです。後藤はソヴィエットのヨッフェ（Adl'f A. Ioffe）を呼んで交渉をします。いわゆる後藤・ヨッフェ会談（非公式）です。これにより日ソ間の懸案でもあった漁業問題が一応の解決をみました。

3) 第3期：1923年6月〜

後藤のヨッフェ招請により、公的な日ソ間の交渉が始まりました。1923年6月より外務省川上俊彦（ポーランド公使）とヨッフェの非公式会談が行われますが不調に終わります。

1923年9月山本権兵衛内閣が組閣、後藤が内相として日ソ国交回復を推進することになったのです。ソ連側で新たに中国公使となったカラハンが中国に接近し、日本を刺激します。日本でも財界からも対ソ交渉の要望が出され、北京の芳澤謙吉公使とカラハン駐中公使の間で会談が行われ、1925年1月に日ソ基本条約が調印されるに至ったのです。アメリカの対ソ承認は1933年ということですから、それよりずいぶん早いソ連承認となりました。これは後藤新平の構想力と指導力に負うところが大きかったといえます。

日本のシベリア出兵は、大規模に行われたのですが、ロシア民衆の対日不信をあおり、およそ10億円とされる浪費と3500名以上ともいわれる死傷者を出し、得るものもなく終わった、といえるでしょう。

＜設問＞

1，次の用語について200字程度で説明しなさい。
　①尼港事件
　②日ソ基本条約

2，シベリア出兵をめぐる日米間の齟齬（そご）を、800字以内でまとめなさい。

第9講

ワシントン会議への道

I　石井・ランシング協定

1）対華二十一カ条要求とアメリカ

　日露戦争後なにかと問題が見られた日米関係でしたが、二十一カ条要求問題や、シベリア出兵をめぐる離齬もあって、ますます悪化してしまいます。第一次世界大戦中に対華二十一カ条要求を出した日本にアメリカの疑念は深まります。しかし日米貿易はアメリカにとっても重要で、これに影響を及ぼすようなはっきりとした親中反日政策はとれず、その上ヨーロッパの戦争も継続している状態で、新たなトラブルに巻き込まれたくないというのが、アメリカの本音でした。

　当時、米国務長官は R. ランシング（Robert Lansing）です。その対日政策は、①日本との衝突を避けよう、②対日妥協はイギリスと共に行い、日本の膨張に歯止めをかけよう、というものでした。ただ、イギリスは第一次世界大戦の当事者で余裕がありません。そこでランシングは日米間で太平洋・中国をめぐる妥協を、ということを考えます。①南満洲・東部内蒙古における日本の権益を認め、②門戸開放は維持し、中国に対する内政干渉は守らせよう、ということを考えます。だが、ウィルソン大統領は満洲を日本の権益と認めることには難色を示し、ランシングと対立します。

第9講

2) 日本の対米政策

　日本は第一次世界大戦後を考えて、できるだけ早くアメリカとの間に妥協を成立させたいと、石井菊次郎前外相をアメリカへ特使として派遣しました。そこでワシントンにおいて石井とランシングの間で、1917年11月石井・ランシング協定が成立します。その内容は次のようなものでした。①アメリカは日本が中国に、その領土を接している部分に特殊権益を有する、と認める、②日米両国は中国の領土保全を少しでも損なう目的を持つことを否定し、門戸開放、機会均等を承認する、というものでした。この協定は、①の内容と②の内容と、場合により矛盾する点が出て来ます。日本の中には、中国全体における日本の特殊権益が認められた、と読む者があり、その解釈に幅があるからです。いわば「玉虫色の協定」です。ランシングは単に日本が満洲に近い、ということで派生する「特殊」利害を認める、というに止めるものとしたのです。しかしアメリカでは日本に不当に有利な妥協をしたのでは、との考えが出ました。

Ⅱ　新四国借款団

　日本の満洲市場独占に対してアメリカが打った次の手段が新四国借款団_{しゃっかん}です。それは米・英・仏・日の銀行団が対中投資団を結成する、というものでした。1918年7月アメリカは他の三カ国の政府に対中国際借款団を結成することを提案します。これは日本の中国市場独占を阻止するねらいがあったのではないかと思われるのです。中国は当時財政が悪化しており、外国借款の要請が繰り返し出されていたのです。

　これに対し日本は満蒙既得権益のいくつかを列記して借款団の対象から除外することを求めました。交渉は中国政府の抵抗もあり、紛糾したのです。結局、日米間で妥協し、1920年10月に調印に至りますが、あまり積極的に活動を行わないまま自然消滅となりました。

Ⅲ　パリ平和会議

　パリ平和会議とは、第一次世界大戦後の講和会議です。パリ講和会議とも、ヴェルサイユ講和（平和）会議ともいいます。日本はこの会議に戦勝国として参加します。これが日本にとって初めての多国間会議参加となりました。当時は船でフランスまで行ったのですが、長い船旅の間、会議の準備がとても大変だったようです。日本の首席全権は総理大臣経験者の西園寺公望でした。ただ高齢の西園寺はお飾り的存在で、実質的には牧野伸顕元外相が日本代表としての外交手腕を期待されていました。牧野に白羽の矢がたったのは、外交経験が豊富で、ある程度の政治歴があり、国内の政治日程の都合で可能な人物の中から、ドイツ寄りという風評がない者、ということで決まったようです。牧野は「外には大勢順応・内には反発のないよう」といった政治的信条をもっていた外交経験豊富で温厚な政治家でした。

　この会議における日本の戦略は次のようなものでした。第一次世界大戦はヨーロッパ中心の戦争であったので、日本が直接に関わる議論は限られていました。即ち、懸案の中で、①日本が単独で利害関係をもつ問題、②日本が直接利害関係をもたない問題、③日本が欧米と共通に利害関係をもつ問題、がありましたが、①については、戦勝国の一国として日本としては、南洋の旧ドイツ領と中国山東省のドイツ権益を日本に割譲することを主張する、②については発言せず、干渉を避ける、③に関しては大勢順応、というものでした。しかし①の実現も簡単ではなく、③に関しても、国際連盟問題で日本と欧米の対立点が明らかになります。

　独領南洋諸島に関しては譲渡と委任統治の方式がとられ、A、B、Cに分けたC段階のサイパン、ヤップ、パラオが日本の委任統治となり、日本の法律の下に施政が行われる事実上の日本領とされました。日本が最も重視したのは、山東のドイツ利権の継承でした。日本は事前に英仏の了解をとりつけ、また 1915 年に中国との間で取り交わした条約を盾に継承を主張したのですが、中国は認めません。

　そこで日本は①と③をリンクさせ解決を図るのです。③の重要懸案であった国際連盟創設について、日本にはこれが欧米中心－特にアングロサ

クソンの現状維持を目指す政治色の濃い機関になることを危惧する声があ
りました。このため日本は連盟規約に人種平等の一文を入れることを主張
するのです。これに米英は賛成しますが、国内に複雑な人種問題を抱える
オーストラリアやニュージーランドの反対で規約には入れられませんでし
た。この点では日本が譲歩を強いられた形です。その代わり、①の利益譲
渡は譲れないというのが日本の希望でした。アメリカのウィルソン大統領
は国際連盟成立を会議の至上目的としていました。日本にとって①の利権
譲渡を認めさせるための最後の切り札は、会議の脱退です。しかし日本が
脱退すれば、国際連盟成立にとっては大きな打撃になります。ウィルソン
は結局、日本側の要求を通すことにしたのです。

Ⅳ　海軍競争

1）アメリカ

　第一次世界大戦後の世界において、列強のパワーバランスは大きく変化
しました。ドイツは敗戦国に転落し過重な賠償を課され、東アジアにおい
ては日本が大きく力を伸ばしたのです。これは英米の日本に対する懸念を
増幅させました。

　アメリカは1916年に海軍拡張計画を議会に出しました。それはまさに
世界最強の海軍建設を1919年までに目指すものでした。また、米太平洋
艦隊をハワイの真珠湾へ移し、日米軍拡競争に備えるかの様相を見せます。
ただ、米国内では大戦後の景気後退に鑑みて軍費削減の声もあがり、1920
年には海軍軍縮会議の開催議案が議会を通過し、軍拡の予算案は否決され
ました。

2）イギリス

　イギリスは海軍力で他国に優越する状態を維持しようとするものの、大
戦による経済的打撃から、それは不可能でした。ではどうするのか。二つ
の考え方がありました。一つは、日英同盟を維持して軍事力を補うという

考え、二つ目は、アメリカとの提携で最小の軍事力を維持させよう、という考えです。そんな時に、アメリカの軍縮会議提案は都合がよいものでした。

　ただ、アメリカには「軍縮」に加えてさらなる目論みがありました。それは、アメリカにとって目障りな日英同盟を廃棄させること、そして中国問題の解決を図ること、です。

3）日本

　アメリカの提案に対し日本は、軍縮会議参加には同意します。しかし日本としては、太平洋・中国問題を出されては困る、と考えました。日本が不利な状況になることは避けたかったのです。会議はあくまで軍縮中心で太平洋・中国については既得権にふれない方針でいきたいと考えました。この点で欧米の目指すものとは隔たりがありました。

V　ワシントン会議－米国の主導

　ワシントン会議は、米・英・日・仏・伊・ベルギー・オランダ・スペイン・ポルトガルの9カ国が参加して、1921年11月12日にアメリカのワシントンで開催されます。日本の首席全権は加藤友三郎海相で、補佐には幣原喜重郎駐米大使がつきました。

1）米国全権の海軍軍縮案

　会議では冒頭からアメリカの首席全権であるヒューズ（Charles E. Hughes）が具体案を出します。それは主力艦について、米：英：日＝5：5：3とする案でした。全権の加藤は、日本は「米案の高遠な目的に感動し、主義において提案を受諾」する、と応えました。当初日本は対英米7割を主張したのですが、米案の6割をのむ代わりにアメリカが南洋・太平洋諸島の軍港を拡大させないことを約束させ、受諾したのです。実は当時日本海軍の勢力は対米6割に達していなかったため、実質的には日本が得るものは大きかったのでした。加藤の明快な応答は会場総立ちで歓迎されました。

2）中国問題

　中国問題に関しては九カ国条約が成立します。まず次の４原則が確認されました。①中国の主権・独立・領土保全、② 中国における安定政権の樹立、③中国における各国商工業上の機会均等、④特権の排除、です。これらを基礎として、九カ国条約が作成されました。ただ、この条約は既得権については触れず、また違反に対する制裁方法は明記されませんでした。この九カ国条約によって石井・ランシング協定は破棄されました。

3）日英同盟廃棄

　さらに太平洋問題に関して、四カ国条約（日英米仏）が成立します。これにより、日英同盟は事実上廃棄となりました。アメリカとしては、長年いわば目の上のたんこぶであった日英同盟を、体よく事実上の廃棄に追い込んだのです。ワシントン会議はアメリカの主導で行われた会議で、まさにアメリカ外交の勝利で終わったのです。

　これ以後、1920 年代はワシントン体制下の国際協調の時代とされます。しかしこの体制には問題がありました。この国際体制を維持させるために条約を強制するわけでもなく、これを実行させる機関・手段もなく、違反した場合に制裁手段もありませんでした。こうしたことが一見平和的国際協調体制から第二次世界大戦へと至る背景となっていくのです。

＜設問＞

１，次の用語を200字以内で説明しなさい。
　①門戸開放政策
　②ワシントン会議

２，パリ平和会議における日本の外交戦略と結果をまとめなさい（800字以内）。

第**10**講

第二次世界大戦と東アジア（1）：満洲事変

　この講では第二次世界人戦を学びます。日本では一般に第二次世界大戦は 1939 年 9 月 1 日のドイツのポーランド攻撃から 1945 年 8 月 15 日の日本の終戦までとされます。日独伊三国同盟の側と連合国の側が戦い、三国同盟側が敗れた戦争です。ソ連は最後まで日本と中立条約を結んでおり、最後に連合国の側に入っています。

日　独　伊　　v.s.　　米　英　仏　蘭　中
ソ

　1939 年以前の段階から不穏な動きがありました。以下でこれを含め、日独伊の動きを簡単な年表にしてみました。東アジアでは日本が 1930 年代初めから大きな動きをしています。日独伊三国とも、1930 年代に国際連盟を脱退してしまうのです。

Ⅰ　満洲事変

　ここでは日本を中心に話を進めます。第二次世界大戦がヨーロッパで開始される 8 年も前に日本は満洲（中国東北地方）で満鉄線爆破事件を起こし、これを契機として強引に「満洲国」を建国するのですが、その経過から見ていきます。

資料 I-10-1　太平洋戦争までの日独伊

日	独	伊
31.9.18 満洲事変		
32.3.1 満洲国樹立	33.1.30 ヒットラー政権成立	
33.3.27 連盟脱退	33.10.14 連盟脱退	
	35.3 再軍備宣言	
37.7.7 日中戦争勃発		37.12.11 連盟脱退
	38.3 オーストリア併合	
	39.3.15 チェコ併合	
	9.1 ポーランド侵攻	
	9.3 英仏と開戦	

40.9.27　日　独　伊　三　国　軍　事　同　盟　調　印

41.6.23 独ソ開戦

41.12.8 真珠湾攻撃　　　　　　41.12.11 独伊、対米開戦

└（太平洋戦争、米英蘭に宣戦布告）

1）日露戦争後の満洲

　日露戦争で遼東半島南端の租借権と東清鉄道の南半分をロシアから譲り受け、関東州租借地と満鉄（南満洲鉄道）を経営することになった日本は、南満洲は日本の利権の範囲と考えていました。それは次の面から日本にとってきわめて重要度が高いと考えられました。第一に、対ソ防波堤として国防上重要である、第二に、韓国の保護権確立即ち日本の植民地の維持のために重要である、第三に、資源の必要上即ち経済上重要である、ということでした。

　関東州と満鉄附属地には日本人が移住し、産業開発を行い、学校や病院等の社会施設も作り出します。

2）軍部の構想

　一般に第一次世界大戦後の 1920 年代は軍縮・国際協調の時代とされます。日本の為政者も基本的にはそれに沿った外交を行いました。1920 年

代に外務大臣を務めた幣原喜重郎の幣原外交も、日本の安全は諸外国との協調で確保できるという考えのもとに、ワシントン体制を維持していこうとするものでした。

　しかし軍関係者は必ずしもそう考えてはいませんでした。日本独自の道で国内外の改革を行い、日本を中心に満蒙も含めた自給自足態勢の形成が必要である、と考えます。満蒙の資源は日本の自衛上不可欠なもので、中国ナショナリズムの攻撃から日本の権益を守るために日本は積極的行動に出るべきである、というのです。

　たとえば満洲事変を画策したとされる関東軍（日本陸軍が関東州を中心に満洲に駐留させた常備兵）参謀であった石原莞爾の代表的著作に『世界最終戦論』（1940年）があります。これによれば、世界は人類最後の大戦争に向かっている、日本も国防を強化し断固とした行為に出るべきである、戦略上の最大の目標はソ連、また日本の大陸発展を阻害する米国である、最終的には日米戦争に至るであろう、そうなることを想定すると、資源供給地として、また対ソ要塞として満洲は重要である、としたのです。

3）在満日本人の構想

　日露戦争後、関東州租借地と満鉄附属地に日本人が住むようになったのですが、1920年代の満洲は軍閥の張作霖支配下にありました。日本としてはこの張作霖に影響力を及ぼし、さらに日本の影響力を強めたいと思っていました。しかし張作霖は関東軍の思い通りに動きません。見限った一部の関東軍は1928年6月に張作霖爆殺事件を起こして張作霖を暗殺してしまいます。この事件は今日関東軍の陰謀であったことが判明しています。しかし張作霖を排除したからといって、ことが関東軍の思惑通りに運んだわけではなく、以降息子の張学良が支配するようになると、彼は露骨な排日政策をとっていくのです。たとえば満鉄に併行する鉄道を造って満鉄を圧迫します。加えてゲリラ的抗日運動が頻発し、治安不良に悩んだ在満日本人は行く末に大いなる危機感を抱くようになりました。

　当時の満洲の人口はおよそ3000万人、民族別では漢民族が8〜9割、満洲族とあわせて90％以上を占めていました。そんな中で日本人は朝鮮人も含めて約100万人、そのうち80万人が朝鮮人という状況でした。一

方日本の資本投資額は 16 億 1669 万円でこれは全外国資本中 70.4％を占めています。つまり非常に少数の日本人の母国が圧倒的比率の投資をしている、という状態でした。満洲で大きな投資をし、鉄道経営や社会施設の建設に携わっていた在満日本人は、不穏な情勢に対する大きな危機意識を何とか本国にアピールしようと考えるのです。そんな中から「満洲在住民を中国軍閥の圧政から救うため新国家創設を」という構想が出て来たのです。つまり軍閥の搾取と治安不良には在満日本人はもとより中国民衆も被害を受けており、これを救い、加えて世界恐慌による農村荒廃に対応するためには、新国家による新政策の実行しかない、とされたのです。

4）満洲事変勃発

　石原莞爾等関東軍首脳の考えでは、日本にとって、①満洲は対ソ防衛上の拠点であり、②経済上の必要性が高い。しかし③治安不良の中で搾取を続ける張学良政権は日本人か中国人かにかかわらず全満洲住民の敵である。それゆえ張学良政権を打倒する必要があり、その後日本によって満洲を占領しよう、というのです。そしてそれを実現する計画をねります。

　日中関係は悪化していたのですが 1931 年に入ると満洲をめぐって日中間に事件が頻発し、緊張感が増し不穏な空気がただよっていました。日本でも満洲では大幅な現状改革が必要と考える者が出て来ました。そんな中で関東軍は武力行使によりこれを実行に移したのです。

　1931 年 9 月 18 日夜半奉天（瀋陽）郊外柳条溝付近の満鉄線が爆破され

石原莞爾

るという事件が起きました。これは関東軍の謀略によるものでした。関東軍はこれを口実にして、満洲全土に軍事行動を起こしていきます。これを契機に全面的に軍事行動を起こし、一挙に満洲を占領してしまおうと考えたのです。

　しかしこの行動は日本政府の了解をとったものではありませんでした。日本政府は突然の関東軍の行動に苦慮して、「不拡大方針」声明を出します。政府は列国への対応を迫ら

れたのです。

　中国は関東軍の起こしたこの状況を認めることはできず、連盟に提訴します。列強は日本がこうした行動に出たことを快く思うはずがありません。しかしアメリカやヨーロッパの列強にとって、満洲の線路の爆発事件など、極東（Far East）で起きた小事件であって、これをあまり大きく取り上げることはなく、戦渦が自然に収まるのを待つ、という消極的態度でした。日本の国内世論は武力行動を支持する傾向がみられました。

5）満洲国建国

　ところで関東軍の行動は、東京の軍中央ですら容易に支持しませんでした。関東軍は日本政府の否定的対応や中国の列強に対する日本批判の主張などから、このまま満蒙領有を推進することは困難と判断します。そこで関東軍は早い段階で満蒙領有はあきらめ、満蒙独立－即ち日本の保護下で自発的に新満蒙の建設をしよう、という方針に切りかえます。しかしその内容は、関東軍が独立国家構想－即ち、中国から独立させた国家にする、という考えだったのに対し、日本政府や軍中央が考えていたのは独立政権論－即ちあくまで中国主権のもとにある、ということで、隔たりがありました。日本政府としては満洲支配は列国を刺激しない形で行われることが望ましい、と考えていたのです。

　新国家建設方針に切りかえた関東軍は、清朝最後の皇帝溥儀を引っ張り出します。彼をトップに据えて、新国家の形を整えようとしたのです。1932年3月1日新国家・満洲国が建国宣言をします。満洲事変から半年もたたない慌ただしい展開でした。実はこの時にはまだ溥儀は満洲に到着していませんでした。溥儀は清朝の皇帝の座を降りてから、清朝再興と自身の復辟（再び皇帝の座に就くこと）を夢見ていて、関東軍からこの話をもらい、復辟できると思って受諾したところ、皇帝ではないと聞かされ激怒したといいます。しかし後戻りはできず、1932年3月9日溥儀が満洲国執政に就任したのです。ここに関東軍の傀儡国家が誕生したのでした。

第10講

II　国際連盟脱退

1) リットン報告書

　満洲国樹立は当然国際連盟で問題になりました。日本は満洲国の承認問題をめぐって連盟と対立していきます。連盟ではイギリスのリットン（Victor A. G. B. Lytton）卿を団長とする調査団（仏、独、伊、米）を派遣することにしました。リットン調査団は初めに東京を訪問、続いて上海・南京をまわって調査し、最後に満洲に行って実地調査を行いました。

　そんな中で満洲事変からちょうど1年ほどたった1932年9月15日に日本政府が満洲国を承認します。翌月10月2日にジュネーブでリットン報告書が公表されました。その骨子は次のようなものでした。

①1931年9月18日の日本軍の行動は自衛の措置とは認められない、

②満洲の特殊性はある程度認め、日中両国が権利・利益を規定する新条約を結ぶべし、

③満洲は中国主権で広範な自治を与えよ、その上で日中経済協力すべし、

④満洲の新政権は疑問である。国際法上問題が残り、日中良好な関係に逆行するもので、満洲人民の希望を無視しており、結果として日本の利益になるか疑問である、

　以上のような内容のものでした。日本はこれに反発します。曰く、満洲は中国の一部ではなく、特殊地域であり、報告書の示す解決策には反対だ、としたのです。

　国際連盟ではリットン報告書を審議する理事会を開催します。日本の首席全権は松岡洋右（外交官から満鉄副総裁になり政治家としても活躍していた）でした。この時、斎藤實首相以下政府首脳陣に脱退の意向はなく、松岡もそれはよくわかっていました。日本では軍の強硬派や右翼団体、外務省の一部、政党内強硬論者等、脱退論者もいました。上層部では荒木貞夫陸相、大角岑生海相、内田康哉外相らが日本の主張が受け入れられなかった場合には脱退という方針を主張していました。

2）連盟脱退

　連盟の会議において、中国代表・顧維鈞、顔恵慶と日本代表・松岡洋右がその主張を戦わせます。日本は①リットン報告書にもとづく解決案、②アメリカ及びソ連の委員会参加、③満洲国の承認取り消し、の三点に関しては絶対反対を主張したのです。しかし 1933 年 2 月 24 日国際連盟総会はリットン報告書を採択します。賛成票 42、反対 1、棄権 1 という圧倒的多数での採択でした。反対 1 を入れたのはもちろん日本です。棄権したのはタイでした。この直後、松岡代表は日本の立場を大演説し、日本の代表団は議場から一斉に退場しました。1933 年 3 月 27 日、日本は正式に国際連盟脱退を通告して、これ以降国際的孤立の道へ入って行くのです。

＜設問＞

　次の用語を200字以内で説明しなさい。
①石原莞爾
②張学良
③満洲国
④リットン報告書

第10講

84

資料 I-10-2　1931 年頃の中国東北地方

（出典）臼井勝美『満州事変　戦争と外交と』、中央公論新社、1974 年、をもとに作成。

第11講

第二次世界大戦と東アジア⑵：満洲事変とアメリカの対応

　前講において、ヨーロッパで第二次世界大戦が始まる 1939 年よりも 8 年も前の 1931 年 9 月 18 日に、東アジアでは日本の関東軍が満洲事変を起こし、満洲（中国東北部）を「占領」しようと軍を出し、半年後の 1932 年 3 月には満洲国を作ってしまった経過を説明しました。実はこれが第二次世界大戦の第一歩であった、という見方もあります。関東軍が何をねらって満洲事変を起こしたのか、また政府や陸軍中央の意図ではないところで動き、結局中央がそれを止めることができずに、既成事実となっていった過程も学びました。

　それでは諸外国はそうした関東軍の動きをどう考えていたのでしょうか？日本政府は特に国際的な反応を非常に気にしていました。諸外国の対応はどうだったのでしょうか？日本の野心的な動きにストップをかけることができなかったのでしょうか？適切な制裁措置はとれなかったのでしょうか？実際、事変時の欧米の対応は消極的だったことが知られているのですが、ここでは特に日本と関係が深かったアメリカの対応を中心にこれを考えてみたいと思います。戦争は避けられなかったのか、といった議論も念頭において考察していこうと考えます。

I　事変勃発とアメリカ

1）勃発時の米国の対日イメージ

　満洲事変勃発時のアメリカの受け取り方は、「全く予期せぬ出来事」で

あった、ということです。ちょうどこの前日の9月17日に出淵勝次駐米日本大使がアメリカの国務長官スティムソン（Henry L. Stimson）と面会して「日米関係は良好」であると確認していました。この時の駐日米国大使フォーブス（W. C. Forbes）は、必ずしも外交の専門家とはいえず、著名な財閥の出身者で、時の大統領フーヴァー（Herbert C. Hoover）の大統領選挙の時に資金援助をしたことで、いわばその功労により駐日大使のポストを得たとも言われていました。アジアに関してはフィリピンにいたことがある程度であったようで、少なくとも日本や中国の専門家ではなく特に詳しい人ではなかったようです。

　これに対し中国にいた駐華公使ジョンソン（Nelson T. Johnson）は中国専門家といえます。若い頃から中国語を学んでいて、なかなか優秀な人物だったようです。しかしこのジョンソンからも満洲事変前には日中関係がおかしいという報告は入っていませんでした。

　それ故にでしょうか、アメリカは当初事件を楽観視していたようです。その理由は、ひと言でいうと日本に対してある程度の「安心感」を抱いていたということになるのでしょうか。まず第一に、日本は1930年のロンドン海軍軍縮会議に参加していて補助艦制限を行う条約に調印しています。また第二に、日本では1925年に普通選挙法が成立し、これにより1928年には第一回の普通選挙が実施されています。さらに第三に、この時の日本の外務大臣は幣原喜重郎であり、国際協調、経済外交、対中国内政不干渉を掲げるいわゆる幣原外交を実行していました。このようなことからアメリカの眼には、日本社会は若槻礼次郎総理、幣原喜重郎外相の下で、安定的で民主的な文民政治を実行している国家として映っていたのです。

　このような日本に対する「安心感」は、いわば中国に対する「不安」「不信感」の投影だったとも考えられます。当時の中国は辛亥革命後の軍閥割拠の状態にあり、各地で軍閥が勢力を争い、治安も不良で政治的なまとまりに欠く不安定な状態でした。

2）満洲事変勃発

（1）第一報
1931年9月18日夜半、奉天郊外の満鉄線の爆破事件が勃発、ワシント

ンにその第一報を入れたのはジョンソン駐華公使でした。ジョンソンはすでにこの段階でこの事件を楽観視してはいませんでした。電報で「この衝突は大変なものになるだろう」としています。

しかしジョンソンの先見性に富んだこの第一報にもかかわらず、米国の大勢はそうはとらなかったのです。なにしろアメリカ人にとっては遠い遠い極東の一地方の鉄道爆破事件です。とてもその後の展開など予想できるものではありません。また、その必要も感じていなかったのです。いわば「混んだ地下鉄の中でどっちが押したかわからないようなものである」とされました。

（2）出先機関

ではアメリカの出先機関の対応はどうだったでしょうか？駐日大使フォーブスは休暇をとっていました。財閥であるフォーブスは母国で様々な組織の経営にかかわっていて、長期休暇をとって帰国し、その経営を見なければならなかったのです。フォーブスは事件勃発の報を聞きながらも、横浜港から予定通り帰国の旅に出て、1カ月以上日本を離れるのです。一方、駐米日本大使の出淵勝次は、この報に接し、休暇を取りやめました。

（3）ワシントン

ではアメリカの中枢であるワシントンの対応はどうだったでしょうか？当時フーヴァー大統領は恐慌対策で手一杯でした。そこで東アジアの問題はスティムソン国務長官とホーンベック（Stanley K. Hornbeck）極東部長に任せていました。この時の国務長官スティムソンは、法律家で後に原爆の投下の時にも陸軍長官として重要な地位にあった人物です。ホーンベックは中国専門家で、駐華公使ジョンソンとも知己の仲でした。

スティムソンはどう考えたでしょうか？彼は、事変は一偶発事件なのか、それとも日本の膨張政策の一環なのか、と考察し、後者の場合には、若槻首相と幣原外相が力をもって軍をおさえるはずであると考えます。つまり

ヘンリー・スティムソン

膨張政策は軍の独走であろう、と見るのです。アメリカとしては、いたずらに圧力をかければ幣原を困らせることになるのではないか、とも考えます。したがって、アメリカはうっかり圧力をかけることは控えるべきで、文民政府に期待をかけるべきであろう、と判断するのです。

　実際、事変は関東軍の独走によるものであり、どんどん日本政府の手を離れて拡大していくのでした。

Ⅱ　日本のイメージ

1）関東軍

　満洲事変を起こした関東軍は、勃発直前に国際情勢を分析しています。満蒙領有が必要と考えていたものの、事件を起こした場合そこに第三国が介入するか否かに関しては当然考察せざるを得なかったのです。そしてこの時期、米国は1929年のウオール街の株価暴落で始まった恐慌の対策で手一杯で極東のことにかかわる余裕はないであろう、したがって、少なくともこの段階ではその武力・経済的圧迫を恐れることはない、と判断したのです。

2）幣原外交

　ところで外務大臣の幣原は事件の勃発を新聞の朝刊で知ることになりました。すぐさま臨時閣議を開き、事変に対し「局地解決・事件不拡大」を決定します。国際協調を柱とする幣原外交としては、これと正反対の動きに頭を悩ませることになるのです。

　現地の出先である奉天総領事林久治郎は「今回の事件は関東軍の攻撃とみるところ大」と報告しています。そして「外交レベルで解決したい」と申し出ているのです。

　しかし関東軍はこれらを無視して戦火を拡大していきます。あくまで日本が満洲を領有した方が、満洲の人民にとっても良い、と考えていたようです。

Ⅲ　錦州爆撃とアメリカ

　10月8日満鉄沿線の日本の保護地域から遠く離れた錦州を関東軍が爆撃して、一般市民に死傷者が出ました。米国はこれに衝撃を受け、態度硬化させます。スティムソンはここに至って何らかの行動を起こす必要性を感じたようです。フォーブスの留守を守るネヴィル（E. L. Neville）駐日代理公使に訓令を出し、「日本はどこまで攻撃するつもりなのか、日本が撤兵する条件は何か」と問うています。ネヴィルは幣原に会い、直接これらを確認しようとしたのですが、幣原の態度はそれまでと変わらず、一定の安堵をおぼえたようです。

　米国は国際連盟理事会にオブザーバーとして参加することを決意します。この段階でアメリカが考えた選択肢は次の三つでした。第一に、集団的制裁、第二に、外交上の圧力をかける、すなわち世界世論を行使して中国を擁護する、第三に、世界世論を背景とした対日批判を展開する、というものです。この段階ではアメリカは武力行使はまだ考えていませんでした。

　第一の選択肢をとった場合、集団制裁により日本が通商上不利になるようにする、といった手段が考えられます。しかしこれには恐慌中でありながら日本との貿易を行っている米国内の財界が簡単には了承しないでしょう。第二と第三の選択肢は、国際連盟の力をもって日本を被告席に着かせるというものです。しかし米国にとって日本は貿易上の大市場であると同時に反共の意味でも重要でありました。アメリカとしては関係の薄い満洲のことで、アメリカが日本に強硬な態度に出る必要はあるのだろうか、と疑問に思ったのです。スティムソンは日本に彼の考えを伝えることにします。

　先に紹介したホーンベック極東部長の関連資料が、アメリカのスタンフォード大学に残されています。600以上のボックスで整理された膨大なものです。これを読むと当時のアメリカの対日外交の流れがよくわかります。これによると、この時期1931年10月から11月頃にかけて、アメリカは日本の行動が理解できず、非常に迷っていたことがわかります。アメリカは過去の日本との関係を見直したり（例えば日露戦争の時のセオドア・

ローズヴェルトの対応を考察したりしています）、また「オリエンタル・マインド」（東洋的精神）の研究をしようとしたり、しているのです。そこから実際の政策を出そうとしても、容易ではなかったようで、この時期に政策的な動きはあまり見られません。

Ⅳ　スティムソン・ドクトリン

1）背景

　アメリカが実際に動くのは年が明けてすぐでした。1932年1月に関東軍が錦州を占領します。錦州は先に指摘したように、満鉄線から離れた場所であり、中国の関内と満洲を分ける万里の長城に近い場所にあります。もはや満洲のみではなく、関内の中国全体を視野においているのか、そうとられてもおかしくない行動です。

　その前月、つまり1931年12月に民政党内閣から政友会内閣に替わっています。アメリカが期待していた若槻礼次郎首相－幣原喜重郎外相は、犬養毅首相－芳澤謙吉外相に取って代わりました。

　こうした状況にスティムソンの態度は硬化します。「もはや文民政府は暴走する軍部をコントロールする能力を持たない」ということが現状として見えてくるのです。それではアメリカとして武力介入できるか、というと、やはり米国内事情でそう簡単にそれはできません。そこで次のような方法が考えられました。

2）スティムソンの方法

　第一は、九カ国条約締結国の招集です。

　しかし、日本も九カ国条約の締結国ですから、当然これには日本の反対があるでしょう。また、国際連盟があるのに、特に九カ国条約の締結国のみ召集するのはどうでしょうか。国際的機構の最初で最大のものである国際連盟としてのプライドを傷つけることになるのではないでしょうか。そして何より、イギリスとフランスが乗り気でなかったことにより、これは

できませんでした。

　第二は、日本にいる米国駐日大使の本国引き上げです。

　しかし、一般的に大使召還ともなるとかなり大きなことになります。いわば将来的な国交断絶の予告ともなりかねません。これには国務省の反対があり、できませんでした。

　第三は、日本に対し、武器や借款の供与を停止することです。

　しかし、日本に対し武器や借款を供与しないことにするのなら、この場合は中国にも同様の措置をとらねば、完全に中国側につき、日本のみを敵にまわすことになります。不安定な情勢の中国の方について戦争をしかけるような形になることには、相当の決断が必要です。何よりこれには武器業界から反対の声があがり、できませんでした。

　第四は、経済制裁です。

　しかし、すでに見たように、日米貿易への影響が大きく、国内の反対が予想されます。1930年代後半まで、日米貿易は米中貿易を上回っていました。それが逆転するのは、1937年か38年のことです。

　結局、上の四つの選択肢は、実現することができませんでした。残された道としてスティムソンは「不承認宣言」に踏みきるのです。

3）スティムソン・ドクトリン発表

　スティムソンは1932年1月7日に日中両国に「武力行使による解決を不承認」という宣言—スティムソン・ドクトリンを出したのです。日本の行動に対して「不承認」を突きつけたのです。これはアメリカのA4版で数枚のものでした。米国としては、数々の方策が実施不可能で、やむなくこうした形で日本に警告を発したのでした。

　しかし、この宣言の効果はどれだけあったか、疑問です。まずイギリスの支持がありませんでした。イギリスは、中国の揚子江下流など南の方に利権を抱えていたため、中国問題でアメリカと簡単に歩調を合わせることはできなかったのです。フランス、オランダ、ベルギーは反応がありません。皆、この時期には国内問題で手一杯であったようです。結果として、このドクトリンは日本に対して、あまり効果を持たなかったといえます。これではかえって関東軍の自信を深めることになってしまいます。

V　上海事変

　1932年1月18日上海で買収された中国人が租界を通行中の日本人僧侶を襲撃するという事件が発生しました。これに対し日本海軍の陸戦隊が上陸し、中国軍との間で軍事衝突が起きました。上海は列国の権益が集中しその利権が錯綜する地です。満洲事変には中国の北の方の「小さな出来事」とあまり関心を示さなかった列国でしたが、上海となると事情が全く違います。この事件はイギリス等を刺激し、英米共同でアジア艦隊をマニラから上海に派遣して、対日警告を2回発するという事態になりました。

　スティムソンは列強に直接交渉を行うよう呼びかけ、1932年5月になんとか停戦協定が成立しました。しかしちょうどこの5月には、日本で五・一五事件が起こり、犬養毅首相が暗殺され、日本の軍国主義化が顕著になっていくのでした。

VI　国際連盟における討議

　前講で示したように、満洲事変以降の日本の動きに対し疑念をもった国際連盟では、リットン調査団を派遣し調査、事変後およそ1年後に国際連盟でその報告書が発表されます。連盟では討議の結果、1933年2月に総会でリットン報告書採択となり、これに反発した日本は国際連盟を脱退し、国際的孤立の道に舵を切っていったのです。それは戦争への道でもありました。

　ここでこの講義の最初に提示した問題点を思い出してください。日本の動きにストップはかけられなかったのでしょうか？制裁はできなかったのでしょうか？戦争は避けられなかったのでしょうか？少なくともこの事件に関しては、国際的な制裁、連盟による集団制裁は失敗しました。実際にはある国の行動に反対して他国が制裁をかけるのは容易なことではないことがわかったでしょうか。

　ソーン（Christopher Thorne）という研究者が書いた"The Limits of Foreign Policy"（邦訳『満洲事変とは何だったのか』）という研究書があ

ります。これは満洲事変時の各国と国際連盟の対応を追った精緻な研究なのですが、特にこの英文タイトルに注目して欲しいのです。直訳すると「外交政策の限界」です。満洲事変時の各国の対応は、まさに「外交政策の限界」を教えるものだと思うのです。

＜設問＞

満洲事変に対するアメリカの対応を800字以内でまとめなさい。

第11講

第12講

第二次世界大戦と東アジア(3)：日中戦争と日独提携

I 塘沽協定
タンクー

　満洲国樹立後の関東軍は東北三省（奉天省、吉林省、黒竜江省）と熱河省を満洲国の領域と宣言するのですが、熱河省政府主席の湯玉麟の態度がはっきりしないため、1933年2月に熱河に軍事行動を起こしました。熱河は東北のとなりの華北に最も近い場所です。そのため戦略的な重要性を持ち、かつアヘンがとれることで経済的にも重要性がありました。湯玉麟としてはその利権を手放したくなかったものの、関東軍に支配される中で身の振り方に迷いがあったのです。

　関東軍は長城（万里の長城）を越えて華北まで行きますが、華北にまで支配をのばす意向は当時はありませんでした。国民政府も妥協し1933年5月31日に日中両軍の間で停戦協定（塘沽協定）が結ばれました。ここで関東軍は長城以南に広大な非武装地帯を設定することになりました。つまり満洲国を中国の国民政府統治地域から分離させることに成功したのです。こうした形で次第に満洲国が既成事実化していき、満洲事変が一段落します。

　これらの過程からわかることは、日本政府が国際的孤立化を避けたいにもかかわらず、軍の出先が暴走してしまい、つまり中央は「後追い」で引っ張られ、日本が国際的に孤立していくことになっていったことです。

　一方中国では、1921年に成立した中国共産党が勢力を拡大していました。満洲事変により日本に侵略されているという危機意識の下にありましたが、国民党の蔣介石は共産党に対抗意識を持っていました。共産党では

第12講

1930年代半ばに毛沢東が指導権を握り、1935年8月1日に「抗日民族統一戦線」を提唱するのです。

Ⅱ　日独防共協定

　国際的孤立化の道を歩む日本に関心を示したのはドイツでした。日本が国際連盟を脱退したのは1933年3月でしたが、同年10月にはドイツも連盟を脱退し、軍縮条約も破棄しています。日本はソ連に対抗するという観点からドイツに注目し始めるのです。日本も1934年にはワシントン海軍軍縮条約を破棄します。

　そんな中で1935年から日独間の提携交渉が始まりました。そして1936年11月に日独防共協定が締結されます。日本としてはソ連を刺激したくなかったため、国家としてのソ連ではなく共産主義運動の総本山としてのコミンテルン（国際共産主義運動の指導にあたる共産党の組織）を対象とする意味で「防共」ということばを使ったのです。しかしこれには附属秘密協定がついており、それはソ連を仮想敵国とする日独軍事同盟的性格が濃いものであることが明らかでした。秘密協定は公表されなかったのですが、ソ連は電信傍受でこれを知り、欧米に接近して自らの立場の強化を図ったのです。つまり国際的孤立化を防ぐための条約締結は、かえって国際的反発を招く結果となりました。

Ⅲ　日独伊三国軍事同盟

1）防共協定強化の動き（1937～38年）

　1937年から38年にかけて日独防共協定強化の動きがありました。最初はドイツからの働きかけでした。1937年11月にヒットラー（Adolf Hitler）はオーストリアとチェコへの進出構想を明らかにしていますが、こうした外交を展開する際に英仏と対抗しソ連を威圧するため、東アジアでの日本の役割を期待したと思われます。この11月には日独伊三国防共

協定が調印の運びとなり、12 月にイタリアが国際連盟を脱退しているのです。

　日本国内でも陸・海・外三省で日独伊三国の提携強化の研究が進められていきます。1938 年 7 月 19 日の五相会議（首相、外相、陸相、海相、蔵相）では「ドイツに対しては防共協定の精神を拡充してこれを対ソ軍事同盟」に、「イタリーに対しては対英牽制（けんせい）に利用」できるように、秘密協定を締結する、という方針が決定されました。

　1939 年 1 月にはドイツから三国同盟の提議があります。日本としてはソ連対象を主目的として、英仏と戦うことは避けたい意向があり、妥協案でいこうとするものの、ドイツ側が納得せず、国内でも意見が分かれます。ところが 1939 年 3 月にドイツがチェコを併合し、4 月にイタリアがアルバニアを併合する、という事態になります。日本は英仏を敵にまわす条約締結は避けたいので、あくまで対ソ防衛措置と考えていた矢先に、1939 年 8 月 23 日に独ソ不可侵条約が結ばれました。日本の意向とは全く逆の状態になり、政府は驚愕します。この事態に平沼騏一郎（きいちろう）総理は「欧州の天地は複雑怪奇にして対処するを得ず」として内閣総辞職をしてしまいます。これにより日独関係は一時冷却を余儀なくされたのです。

2）日独伊三国軍事同盟

　1939 年 9 月にポーランドにドイツが侵攻し、ヨーロッパでは第二次世界大戦が始まります。緊迫する国際情勢の中 1940 年 7 月第二次近衛文麿内閣が成立、外相に就任したのが松岡洋右（ようすけ）でした。この内閣では日・独・伊枢軸強化が基本方針として確認されます。軍は日独伊三国同盟を締結し、南進と中国問題の解決を視野にいれていました。日本でもドイツの圧倒的勝利が伝えられ、「バスに乗り遅れるな」という声が高まっていました。そんな状況で 1940 年 9 月 27 日日独伊三国軍事同盟が成立したのです。

第12講

Ⅳ 日中戦争

1）盧溝橋事件

　ところで中国の状況はどうなっていたのでしょうか。1937年頃中国では国共合作（国民党と共産党の協力）の動きがありました。蒋介石をトップとする国民党と毛沢東の共産党は中国国内で対立関係にありましたが、満洲等における日本の対中侵略に対し、抗日で協力しようという動きがあり、華北に対する反日工作を積極化していたのです。当時日本軍は満洲国の隣の華北地方を分離する工作を進めていましたが、これを放棄し、中国と国交をする方向へ方針転換します。

　ところが1937年7月7日北京郊外の盧溝橋付近で日本の小部隊と中国軍の衝突があり、死者が少数ですが出てしまいます。いまだに日中どちらが先に発砲したのかわからないのですが、陸軍の一部にこれを利用して華北工作の行き詰まりを打開しようという強硬意見が出るのです。この時は第一次近衛文麿内閣でしたが、7月11日の閣議で中国派兵が決定します。その目的は日本の「威力の顕示」で、中国に「懲罰」を与えよ、としたのです。日本は中国に対しずいぶん「上から目線」だったのですね。

　日本の中でもこの対応をめぐって意見が分かれました。中国において軍事行動をとるべし、とする拡大派は軍強硬派が主で、政府はこれに引っ張られます。不拡大派で知られるのは、当時参謀本部作戦部長の地位にいた

近衛文麿

石原莞爾です。石原は満洲事変を起こした人物です。戦略家の彼は、対ソ関係を憂慮し、またこの先想定される対米戦争に備える意味でも、今は中国と争うべきではない、と考えたのです。日中戦争拡大阻止のために動き悩み、一夜にして髪が真っ白になった、とも伝えられています。しかし石原一人の力では戦争の方向性を変えることはできませんでした。

　8月13日上海で日本海軍の大山大尉が射殺され、これをきっかけとして日中が戦争状

態に突入していったのです。これが第二次上海事変です。以後8年間続く
日中戦争の勃発となりました。

2）和平交渉の挫折

　日中戦争は開始直後から和平をさぐる動きがありました。和平交渉は終
戦まで数多くあったようです。その中で最も可能性が高かったとされるの
が、1937年末頃の動き—トラウトマン工作です。これは駐華独大使トラ
ウトマンを通じ蒋介石と交渉したもので、石原莞爾もこれに一役かってい
たということです。多くの和平交渉も蒋介石にまで届いたとわかっている
ものはほとんどないのですが、この交渉はトラウトマンが蒋介石と会談し、
蒋もドイツの和平仲介を受ける決意をしました。ところが12月に日本軍
が南京を占領し、「南京大虐殺」として知られる事件を起こします。そん
な中で日本側が出した和平条件は次のようなものでした。①満洲国の正式
承認、②華北の特殊地域化、③華中に非武装地帯の設置、④賠償の実施、
⑤華北・内蒙・華中の一定地域に日本軍の駐兵許可、さらに口頭で、中国
側に対し講和使節を日本の指定する地に派遣するよう指示しました。非常
に高飛車で、勝者が敗者に臨むような内容です。当時外務省東亜局長で交
渉担当者だった石射猪太郎は「こんな条件で蒋が講和に出たら彼はアホだ」
と日記に記しています。

　しかし強硬派は和平交渉そのものをつぶそうとまでしたのです。日本政
府や軍の首脳部は1938年1月15日までに中国からの回答がなければ交渉
打ち切りとの決定をします。中国からは日本側の条件にあいまいな点があ
るので、細目が知りたいと言って来ました。日本は中国の回答は誠意がな
いものとして交渉打ち切りを決定してしまいます。

3）蒋介石を対手とせず

　1938年1月16日第一次近衛声明が出されます。そこでは「今後国民政
府を対手とせず」「新興政権成立を期待し、これと国交」して「更正新支
那の建設に協力」するとされました。日本政府は蒋介石の国民政府を「抹
殺する」としたのです。これでは日中和平は遠く退くばかりです。日中戦

争は泥沼化し、日本は和平の機会を失っていきます。そんな中で、日本は
汪兆銘引き出し工作を推進します。汪は国民党副総裁で蒋介石のライバル
であり、反共日中提携を主張していたのです。

4）東亜新秩序声明

　1938年11月3日近衛首相は日中調整の方針を声明します。その内容は、
日中間の国交調整は満洲国の承認・防共協定・日華経済提携の三原則で、
というものでした。「日本は…中国の主権を尊重し、治外法権撤廃、租界
の返還など中国の独立完成に協力し…東亜の新秩序建設に邁進せんとす」
というフレーズで有名な声明は「東亜新秩序声明」と称されています。
　一方、日本は汪兆銘を担ぎ、新政府を樹立し傀儡化を工作しようとして
いました。汪は自ら重慶の国民政府を脱出して汪支持の政治家や軍閥を動
かし、重慶に和平を働きかけることを考えていました。しかし動くはずの支
持者はそのようには動かず、結局、日本の工作に乗るしかなくなっていきます。
　1940年3月汪を首班とする新中華民国政府が南京遷都という形で発足
しました。そして、この年の11月には日本は軍主導でこの汪政権との間
に日中基本条約を締結してしまうのです。このことは、蒋介石政権との和
平は絶望的になった、ということでもありました。汪政権は中国民心の信
頼を失い、日本軍を後ろ楯とする傀儡政権として中国の人々の記憶に残る
ことになりました。
　日中戦争解決の道は遠く、日米関係も悪化していき、結局、日本は太平
洋戦争へと突入していくのです。

＜設問＞

　次の用語を200字以内で説明しなさい。
　①蒋介石
　②日独防共協定
　③日独伊三国軍事同盟
　④東亜新秩序声明

第13講

第二次世界大戦と東アジア（4）：真珠湾への道

　ここでは日本が太平洋戦争を始めた真珠湾攻撃までの道のりを学びます。

　太平洋戦争の開戦と敗戦－これはまちがいなく日本の歴史において最も重要な出来事の一つでありました。いわば近現代の日本のターニングポイントであります。それは現在の日本をめぐる国際関係－欧米や東アジアとの関係のみならず日本社会の基本的成り立ち、価値観にまでかかわる出来事であるともいえましょう。そのような重大な事態に至った道のりを、ここで国際関係の面から振り返ってみたいと考えます。

I　1930年代の日米関係

　1931年に日本は満洲事変を起こし、32年には傀儡国家「満洲国」を建国、中国大陸への勢力拡張政策を具現化していきます。そのような動きは国際的に容認されるものではありませんでした。1930年代にアメリカの国務省でアジア方面の政策を担当していたホーンベック極東部長は手記の中で、満洲事変以降の日本はアメリカにとって「trouble maker」（困りもの）だったと述べています。アメリカとしては満洲事変勃発当初は日本の「文民政府」が軍をコントロールすることを期待していたのですが、そうはなりません。とはいえ1930年代半ばのアメリカにとって貿易額も大きい日本との関係は重要なものでした。アメリカとしては日米関係の悪化は避けたいが、日本の大陸進出には歯止めがかからず、日本は国際連盟を脱退し（1933年3月）、ワシントン海軍軍縮条約を廃棄（1934年12月）してしまいます。まさに「頭の痛い存在」だったわけです。

第13講

　1937年7月中国の北京郊外盧溝橋で発生した日中間の紛争（盧溝橋事件）を契機として、日中が戦争状態に入っていきます。これに対しアメリカは自国の在華権益と経済活動が侵害されるとして、日本に抗議をします。国務長官ハル（Cordell Hull）は日中両国が平和と条約遵守の原則にしたがって問題を解決するよう要望しましたし、国際連盟で日本の行為が不当で非合法とされると、これに国務省が同意を表明しました。しかしアメリカは道徳的抗議は行いますが、制裁などの具体的な手段に訴えることはしませんでした。

　アメリカが日本に対して具体的な厳しい対応をとったのは、1930年代末頃からでした。1939年7月にアメリカは日米通商条約廃棄を通告します。これはアメリカにとってはまさに苦渋の決断でした。1930年代後半に入るまで対日貿易は対中貿易を上回っていました。それが逆転するのが1938年頃です。アメリカはそれまで一貫して中国に対して同情的な姿勢でしたが、中国市場には大いに興味があり、「門戸開放」を唱えつつ中国市場に入る機会を探ってきました。とはいえ既存の日本市場も失いたくないというのが本音でした。しかしここでついに日米通商条約廃棄という事態になるのです。ここに日本は開国以来初めて日米間が無条約という時代に突入していくのです。

　1937年7月からの日中戦争は和平工作も空しく拡大を続け、終わりが見えず泥沼化していきます。日米関係も悪化し、日本ではどのようにしてこの状況に対応すべきか、という中で、資源を求めて南進論が高まっていったのです。元来、日本の対外政策では朝鮮や満洲方面に勢力を伸ばす北進政策がとられ、南進はこの方面の地域に大きな利害を有する英・米・仏・オランダ等と衝突する恐れがあったため、抑制されていました。しかし軍縮条約から脱退した海軍の軍備拡張や日中戦争の拡大によって石油をはじめとする資源調達の必要に迫られ、ついに日本は南方進出に踏みきるのです。1930年代後半から蘭印（オランダ領印度＝現在のインドネシアあたり）と経済交渉を行い、仏印（フランス領インドシナ＝現在のベトナムあたり）やタイに対する政策を積極化すること等が進められます。

　1939年9月ヒトラー率いるドイツがポーランドに侵入し、第二次世界大戦が勃発します。オランダやフランスが降伏するという情勢の中で、日本の蘭印・仏印に対する圧力は高まっていきます。日本は仏印で、中国

への諸外国の援助を断ち切ろうとしていました。蔣介石率いる中国へ仏印から援助物資がいわゆる「援蔣ルート」を通じて入っていたのです。1940年 6 月フランスがドイツに降伏したことを受け、日本は援蔣ルートの遮断に成功します。しかし軍部はそれでは満足せずに、9 月にはついに北部仏印進駐を実行に移したのです。

　こうした日本の動きは、英米に深い不信感を抱かせます。といってもイギリスはヨーロッパで戦っていますから身動きがとれません。アメリカは日本の経済制裁を強化していきます。アメリカは 1941 年 7 月に在米邦人の資産凍結を発表し、8 月には対日石油禁輸措置を発表します。さらに援蔣ルートを強化していきました。こうした中で日本軍は南部仏印進駐に乗り出すのです。

　日本は国際的に孤立する中で、同じく孤立の道を歩むヒットラーのドイツに近づき、1936 年日独防共協定、1940 年日独伊三国軍事同盟を締結します。これは英米との対立を決定的にしました。

　ここまでをまとめると、1930 年代末から 40 年代始めにかけての日本は、①中国問題の泥沼化、②南進実行（英米に不信感）、③日独伊三国軍事同盟締結（枢軸外交の展開）、という動きをしていました。その結果、アメリカ、イギリス、オランダ、フランスといった国々の不信を招き、いわゆる ABCD 包囲網形成といった事態となり、日米関係悪化や日中戦争の泥沼化に拍車をかけるという状態に陥っていったのです。

Ⅱ　民間交渉

　そんな状態でも日本はもちろんアメリカとの戦争は避けたいと考えていました。政府レベルでは駐米大使に当時のアメリカの大統領であったフランクリン・ローズヴェルト（F.D.Roosevelt, F.D.R.）と親交のあった親米派の野村吉三郎海軍大将を起用し、交渉を続けました。当初、無条約の中で、日米関係の打開をさぐる動きは民間からなされています。ここではまずその動きを見ていきます。

第13講

1）米国－二人の神父

　1940年11月にアメリカからJ.E. ウォルシュ（J.E.Walsh）とJ.M. ドラウト（J.M.Drought）という二人のカトリック神父が来日し、日本の政府・財界・軍の有力者と接触して打開の可能性を探っています。1941年1月に帰国した二人はローズヴェルト大統領とハル国務長官に報告を行いました。この動きは、アメリカ側の戦争を回避させたい、日米関係を打開させたい、という意向の表れではないかともとれるのです。

2）日本－官僚が個人資格で…

　日本側はこれに応え、日米交渉開始の話合いを行うため、陸軍省の岩畔豪雄大佐と外務省の井川忠雄が個人資格で渡米し、ワシントンで神父との会談を行いました。そこで日米国交正常化の基礎案を一応作り、日本へ帰国し近衛文麿首相に報告しています。この動きは注目すべきですが、しかしあくまで個人の資格でなされていて、外務省を通したものではありません。1941年3月日米国交調節に関して原則合意がされます。この基礎案はやがて政府間交渉の基礎となります。岩畔は1941年3月末に野村大使の補佐官としてアメリカに渡ります。

　ただし、この「民間交渉」には若干の誤解が生じました。アメリカ側は外務官僚である井川が日本の意見を代表している、とみなし、日本は、神父がF.D.R.（ローズヴェルト）の意見を代表しているとみなしたのです。ただこの交渉はあくまで「個人資格」で行ったものです。外務省や日本全体の見解を代表するものではありません。実際外務省は岩畔を通して交渉を知ることになったのです。外務省の中には「頭越し」「顔を潰された」と考えた者がいたかもしれません。

Ⅲ　第 1 次日米諒解案 − 1941 年 4 月成立

1）内容

　1941 年 4 月 16 日岩畔らの試案を基礎とした日米諒解案が成立します。その内容は次のようなものでした。①三国同盟は防御的性格（欧州戦争に参加していない国から攻撃された時にのみ発動する）であることを声明する、②米国の欧州戦争への不参加、③米国の対中和平勧告（中国独立、満洲国承認、日本軍の中国撤退等）。

　日本政府はこれを基礎に日米交渉を進める方針で、訪欧中の松岡洋右外相に帰国を要請しました。とにもかくにもまとまった諒解案です。ただし、この案に関しては当初から外務省がカヤの外にあり、松岡外相も不在中に決められたものでした。

2）松岡外相と近衛首相

　この時の外務大臣松岡洋右は、外務官僚出身の政治家で、外務省を退職してから満鉄総裁等も経験した「大陸派」の外相でした。松岡は独自の構想を持っていて、それにむけて着々と動いていました。それは、①三国同盟にソ連を加え、四国同盟にして米英を牽制し対抗（米国の対日戦線参加を回避）する、②重慶に行き直接蔣介石に会って日中関係改善を図る、というものでした。四国同盟実現をめざし、ヨーロッパまで行き、帰国前にソ連のスターリン（Iosif Vissarionovich Stalin）との間で日ソ中立条約を締結してきたのです。ところが帰国すると自身のあずかり知らないところで、四国同盟構想とは発想が全く異なった諒解案ができているのです。松岡は自身がめざした構想を台無しにする諒解案には大いに不満で、自ら筆をとって諒解案を直し、修正案を出したのです。

第13講

3）修正案の内容

　加筆された修正案は、日米で合意される可能性のあった諒解案とは全く

別のものとなっていました。すなわち、①三国同盟の義務の確認、②中国との和平条約に関し米国の介入を排除する、③日本の南西太平洋への発展は武力行使を含む、というものでした。若い頃アメリカにいた松岡は、アメリカに対しては弱みをみせてはだめで、強い態度で臨むべき、との信念をもっていたようです。提出されたこの案にアメリカは失望します。アメリカはさらに6月に非公式の試案を提出してきました。それは4月の諒解案よりはるかに厳しいものでした。たとえば、蒋介石に対し満洲国承認をアメリカが勧告するとしたのは外されました。また、アメリカは大西洋沿岸の諸港からの石油の船積みを禁止し、太平洋側に石油を集め出します。このようなアメリカの動きに、日本はますます南進の方向へ傾いていくのです。

Ⅳ　近衛がローズヴェルトに会談打診

　1941年6月22日独ソ戦争が開始します。松岡はドイツ側に立ってソ連に参戦すべきと主張し、平沼騏一郎（きいちろう）内相と鋭く対立します。近衛文麿首相は松岡外相の存在が日米交渉の障害になると考え、内閣総辞職をして松岡を罷免します。1941年7月18日第三次近衛内閣が成立し、外相には豊田貞次郎海軍大将が就きました。しかしこの内閣は日本軍の南部仏印進駐を容認（1941年7月29日）し、いらだった米国は前述の在米日本人資産凍結を行います。状況は悪化する一方でしたが、一縷（いちる）の望みをかけて首相の近衛は野村大使を通じて米大統領との直接会談を打診したのです。しかし外交交渉は「腹を割って話せばわかる」という日本式の誠意だけでは動きません。大統領は乗り気であったともいわれますが、ハル国務長官らは日本側の具体案を問いただし、特に三国同盟義務の解釈や在中国日本軍駐留問題に関しての合意を迫ったのです。日本はアメリカとの妥協可能な具体案を示すことができず、結局、日米首脳会談による事態打開も実現に至りませんでした。

Ⅴ　海軍

　それでは海軍はどのように考えていたのでしょうか？よく知られていることですが、第一次近衛内閣で海相だった米内光政や次官の山本五十六は対米非戦論者でした。山本はアメリカに駐在していた経験もあり、その国力の大きさを肌で感じていたといいます。要するに日本にはアメリカと戦って勝つ「戦力なし」と考えていたのです。しかし海軍内にも軍備を拡張して戦争に備えるべし、とする者もいました。対米非戦論者の米内は1940年1月に組閣しますが、この時海軍は予備役（退職）になり、陸軍の非協力にあい半年ほどで内閣は瓦解し近衛に政権を譲りました（第二次近衛内閣）。米内は太平洋戦争開戦に反対でありましたが、具体的な動きはほとんど見せられませんでした。

　1941年9月6日の御前会議（天皇出席のもとに重臣や大臣が催す会議）で、「概ネ10月下旬ヲ目途トシ戦争準備ヲ完整ス…併行シテ米、英ニ対シ外交ノ手段ヲ尽シテ…尚我要求ヲ貫徹シ得ル目途ナキ場合ニ於テハ直チニ対米（英蘭）開戦ヲ決意ス」とされたのです。

Ⅵ　ハル・ノート

1）四原則

　対米交渉の望みを捨てきれない近衛首相は1941年9月25日の段階で、先の御前会議決定にもとづくアメリカ案への対案を提示しました。これに対し米側は、ハル国務長官が10月2日に交渉の基礎として次の四つの原則を日本が承認するように迫りました。すなわち、①一切の国家の領土保全・主権尊重、②他国の内政不干渉、③通商上の機会均等、④平和的手段における外に、太平洋における現状不変更、というものでした。加えて日本の中国における駐兵を不法と認めることが述べられていました。

東條英機

2）日本の対応

　要するに米国は日本軍が中国から全面撤退すべきとしたのです。これには陸軍が強く反発し、絶対に譲れないとして対米戦へ傾いていきます。海軍はといえば、海相（海軍大臣）は及川古志郎です。彼は非戦論者でしたが、内閣の一員として開戦反対－対米戦は自信なし、との声をあげることはなく、首相に一任するという態度でした。この重大局面でアメリカとの戦争の主役となるであろう海軍が態度不明瞭であったことは非常に残念で、その責任は問われるべきでしょう。無謀な戦争に至る道を変えることはできなかったのでしょうか。少なくとも再考を促すことはできたはずです。

　1941年10月16日近衛内閣が総辞職し、18日に陸軍の東條英機が組閣します。外相には東郷茂徳が就きます。東郷外相は対米戦争に反対でした。しかし、陸海軍統帥部は日米交渉の前途に悲観的で対米開戦決定へと傾いていくのです。11月に日本側は甲案、乙案と二つの案を米側に示しましたが、米国は日本との交渉に見切りをつけており、これに同意しがたいとして、先の四原則の確認を求め、三国同盟の否認、日本が承認している汪兆銘政権の否認、中国及び仏印からの日本軍の完全撤退、といった厳しい内容の対案を突きつけてきました。ハル・ノートといわれるこの対案は、日本もこれがアメリカの最後通牒（それが受諾されなければ戦争等に訴える旨の外交文書）であると認めます。11月末の御前会議では重臣達の大部分は自重論でしたが、開戦を決意した東條首相を変えることは出来ませんでした。

VII　日米交渉の陥穽

　日米交渉は野村吉三郎海軍大将とF.D.R.とハルによって行われていました。野村には日米間の交渉代表として決定的な欠点がありました。野村

は日米双方に交わされた交渉案を自らの判断で伝えなかったり、部分的に伝える等を行いました。こうして自分流に「脚色」してしまい日本に不利なことは東京に伝えなかったのです。したがって、東京とワシントン（野村）間に認識のギャップが出てしまったのです。さすがにおかしいと感じた日本は途中から特派大使として来栖三郎を派遣して、交渉に参加させると、交渉の焦点がようやく明確化したのです。しかし「時、すでに遅し」で、アメリカの対日不信は増長し、日本は追い詰められていったのです。

　開戦を決意した海軍はハワイ真珠湾攻撃を計画します。皮肉にも対米開戦に強く反対していた山本五十六が連合艦隊司令長官として、開戦の指揮をとることになりました。彼は日米の国力の差から短期で戦争を終わらせるしかないと考え、奇襲作戦を進言し、それが 1941 年 12 月 8 日真珠湾奇襲（太平洋戦争開戦）となります。ところが日本の連絡の遅れが米国への開戦通告（宣戦布告）の遅れとなり、日本は長く真珠湾の「だまし討ち」を責められることになるのです。

＜設問＞

１，次の用語の国際関係史上の意味を200字以内で説明しなさい。
　①日米諒解案
　②ハル・ノート

２，太平洋戦争にいたる過程で、さまざまな要素が戦争に至らせたことがわかったと思いますが、あなたが最も印象に残った要因を、一つか二つ、まとめて論じなさい（800字以内）。

第14講

第二次世界大戦と東アジア(5)：原爆投下と終戦

I　太平洋戦争開戦前後

　この講では太平洋戦争の末期の動向を特に原爆投下とその前後の日米の動きに焦点をあてて解説します。

1）緊迫の日米関係－1941年末

　1930年代末からの日米関係の悪化に、日本は追い詰められていきました。そんな中で陸軍やその陸軍出身の東條英機首相が日米開戦を叫びだしたことは前講でみました。1941年11月29日の御前会議においては、出席者の大半は自重論であったものの、東條首相の開戦決意は変えられませんでした。12月1日の御前会議で、ついに対米英蘭開戦が決定します。翌12月2日に日本時間の12月8日早朝に真珠湾攻撃との命令が極秘で出されました。

2）無通告攻撃

　この攻撃は現在でもアメリカに宣戦布告をする前に攻撃をしかけた－つまり卑怯な「だまし打ち」だと、アメリカが責めています。「奇襲作戦」ではありましたが、日本としては正式な外交ルートを通じて開戦前に宣戦布告の覚書を米国にわたすはずでした。12月6日に東郷茂徳外相から野村吉三郎大使に「対米覚書」（宣戦布告）が打電され、それは米時間で12

月7日の午後1時に米国側にわたせ、とされていました。ところがこの時代の極秘電報ですから暗号で打れます。これを受け取った大使館では、暗号解読−英語訳−タイプ打ちでの文書作り、に手間取り、7日午後2時20分にアメリカ側に渡されました。この時はすでに攻撃後だったのです。日本側の連携の悪さが、歴史の汚点として残ってしまいました。

II 「大東亜共栄圏」構想

　一方で日本人の間には、満洲事変以降の日本の政策は英米の覇権（はけん）に対する「アジアの解放」であるという考えが流布していきます。太平洋戦争開戦時の日本政府声明では、「米英の暴政を排除して東亜を明朗本然の姿に復し、相携（あいたずさ）えて共栄の楽を頒（わか）たん」としています。日本は開戦後ほぼ半年の間に東南アジアのほとんどを支配下におく勢いでした。日本のアジア侵略を「欧米支配からの解放」と意味づけ、日本を「盟主」とする「大東亜共栄圏」の建設を掲げました。

III 戦争の進展

1）世界規模の戦争

ところで第二次世界大戦ですが、枢軸国対連合国の戦いでした。実際には欧州においては独・伊に対して英・仏が戦い、東アジアにおいては日本が米・中と戦う、という構図で、世界規模の戦争になっていたのです。

2）戦局

始まって間もない頃は日・独が攻勢でした。しかし次第に戦局が逆転していきます。戦争とは、勝った状態の時に終われば「勝ち」で、負けた状態の時に終われば「負け」です。日本はたとえば日露戦争ではもう少し長引けば負けていたのではともいわれる苦しい戦いでしたが、何とか勝った

状態の時に講和会議に持ち込むことができました。この経験は、軍指導者はよくわかっています。開戦時に連合艦隊司令長官にあった山本五十六が国力に差があるアメリカを相手に戦争をする場合、奇襲作戦で米国の戦意を喪失させ、短期に講和に持ち込もうと考えたのは、こうした経験があるからでしょう。真珠湾で米国の戦意を喪失させることはできませんでしたが、とにかく戦力を集中させ、アメリカを大いに叩いて講和に持ち込もうという考えは生きていました。その契機として期待されたのが1942年6月のミッドウェー海戦でした。しかしここで日本は大敗します。日本は講和に持ち込む機会を失ってしまうのです。

　ヨーロッパにおいては、日本と三国同盟を結んでいる独・伊の側が劣勢になっていきます。簡単にその経過をたどると、1942年8月ドイツがスターリングラード総攻撃に出ます。寒さが増す11月にはソ連が反撃開始、独軍は総崩れとなり、1943年2月スターリングラードで独軍が降伏します。1943年9月イタリアが無条件降伏し、1944年1月にはソ連が対ドイツ大反撃に出るのです。1944年6月に連合軍がノルマンディー上陸作戦を開始し、8月パリ解放、1945年4月22日ソ連がベルリンに突入します。4月28日イタリアを率いた独裁者ムッソリーニ（Benito Mussolini）が銃殺されます。そして4月30日ヒットラーが自殺し、5月8日ドイツが無条件降伏して、ヨーロッパにおける戦火はおさまるのです。これ以後第二次世界大戦で戦っていたのは、日本とアメリカ・中国のみとなりました。

Ⅳ　原爆投下の決定

1）マンハッタン計画

　従来にない新しい兵器－原子爆弾の開発は戦争の勝敗を左右するものとして、1930年代にはドイツやアメリカ、ソ連などで研究が開始されていたとされます。アメリカはナチス・ドイツにより核兵器が開発されることを恐れていました。しかしヒットラーは原爆開発の必要性を認めたものの、開発は途中で頓挫してしまったようです。ヒットラーの極端な人種浄化政策もあり、1933年から44年までの間にドイツやオーストリア等から約

100名の亡命科学者がアメリカに渡って原爆製造計画に携わったとされます。

1942年6月に原爆製造計画は陸軍工兵隊に委ねられることになり、陸軍省の管轄下に入りました。8月13日「マンハッタン工兵区」という暗号名をもった計画が発足します。この計画を指導したロスアラモス研究所長のオッペンハイマー（John Robert Oppenheimer）はアメリカの物理学者ですが、ユダヤ系でした。

2) 目標

原爆がもし開発されたら、どこに落とすつもりだったのでしょう？第二次世界大戦の枢軸国側の中心であったドイツでしょうか？いいえ、ドイツに落とす計画はありませんでした。残念ですが標的は、最初から最後まで「日本」だったようです。1943年5月のマンハッタン計画の軍事委員会で、原爆第1号はニューギニア北方にあるトラック島への投下が検討されています。そこには日本海軍の基地があったのです。また、東京を目標とする意見も出されていました。なぜ、日本だけが標的とされたのでしょう？それは次のような理由だったと思われます。

第一に、日本は原爆開発が進んでいないので、投下された原爆から得る知識が少ないはず、と考えたこと、つまり、情報漏れを心配しなくていいということでもあるのです。第二に、ドイツに投下するとなると、イギリスあたりで爆弾を組み立てなければならず、危険であり、太平洋の島で組み立てた方が安全である、と考えたことです。第三に、米軍機（B29）を使用して原爆を投下することは、アメリカのこの戦争における主導権を示すことになる、とも考えたのです。

このような理由から「常に日本が目標」だったと計画の最高責任者だったグローヴズ（Leslie Richard Groves Jr.）が1945年4月に述べています。ひどい話です。欧米諸国は自国から遠く失敗しても回収が困難な場所を標的として考えていたのです。1944年9月18日、米英首脳によるハイドパーク秘密覚書で米国のローズヴェルトと英国のチャーチル（Winston Churchill）が「使用可能な暁には慎重な考慮の末、日本に対して恐らく使用されるであろう」と合意しています。原爆投下時の米大統領であった

トルーマン（Harry S. Truman、1945 年 4 月ローズヴェルトの急死により
副大統領より昇格）は後にポツダム会談の際にこの合意を知ったそうです。
1944 年 8 月 23 日頃にはグローブスは 1 年後には完成するという確信を持
つようになります。

3）莫大なコスト

　新型爆弾の開発費用は膨れ上がっていきます。しかし秘密裡に進められ
ました。1945 年 2 月 J. バーンズ（James Francis Byrnes）戦時動員局長
あてにあるコンサルタントがメモを送り「過度の軍事支出が世間に知られ
ることになれば議会で反発」が起きるだろう、と警告します。バーンズ局
長はローズヴェルト大統領に「何等の確実な生産の保証もないまま 20 億
ドルの巨額に近づいている」という手紙を送ります。こうなると成果を生
まないわけにはいかないということになるのです。すなわち、マンハッタ
ン計画が成果を生まないうちに戦争が終結した場合、ローズヴェルト大統
領、トルーマン副大統領、民主党は大きな政治的責任を負うことになる＝
使わずに戦争が終わるのは、まずい、となるのです。

4）投下決定

　1945 年ヨーロッパの戦局の行方が見えた 4 月 27 日と、5 月 10 日から
11 日に日本への原爆投下が討議されました。具体的にどこに落とすかで
す。それは、①直径 3 マイル以上の大規模な都市部、②原爆投下により効
果的に被害を与える、③ 8 月末までに通常爆撃を受けていないこと、とい
うものでした。最有力は京都と広島、次に横浜と小倉、最後に新潟の順で
候補があがりました。日本人の心理的効果＝士気を削ぐような効果をもた
らすか、国際的注目度はどうかが重視され検討されました。
　京都に落とすことはスティムソン陸軍長官が反対します。スティムソン
は満洲事変時国務長官でしたが、何回か日本に来たことがあり、京都に新
型爆弾を使用することに頑強に反対したのです。法律家であるスティムソ
ンにとって京都に原爆を落とすといった「理不尽な行為」は許しがたいこ
とだったようです。スティムソンが後に大統領のトルーマンに説明したと

第14講

ころによればそれは「長期にわたる戦後の世界において、米日間の和解を不可能にし、日本の反ソ化ではなくむしろ反米化を促すであろう」としたのです。トルーマンは「全く同意である」と返答しています。

1944年末にはドイツが原爆を製造していないということが明らかになり、1945年5月8日にドイツが降伏、連合国側の勝利は確実になります。しかし原爆使用にブレーキはかからず、むしろ開発関係者は完成以前に対日戦が終わってしまうことを危惧するのです。「政策」とは一度決定して予算がつき動き出すと、ストップをかけるのには大きなリスクを伴うものです。

1945年7月7日トルーマン大統領がポツダムへ出発し、7月15日に到着しますが、その翌日の7月16日に原爆実験が成功します。7月17日ポツダム会談が開始され、原爆実験成功の報を聞いたトルーマンは、はじめて日本上陸作戦なしで戦争終結が可能になったと考え始めます。そこで英国のチャーチル首相に実験成功を知らせると、チャーチルは「原爆が戦争終結を早めるならばその使用に賛成」すると返したといいます。

7月24日グローブスは原爆投下命令書の写しを送ります。それはポツダム宣言発出から3日経過した時点から原爆の対日使用許可する、というものでした。7月25日トルーマン大統領が原爆使用を承認し、スティムソンが投下命令を出します。7月26日ポツダム宣言が発出されます。それは日本に全面降伏を要求するものでした。7月31日投下準備完了となりますが、台風等で気候の条件があわずに遅れ、8月6日に広島投下となりました。

以上の経過を見る限り、原爆はアメリカにとって「使われるべき兵器」だったのであり、トルーマン大統領は「私にとって投下は自明のこと」であり、「使用されるべきであることに疑問をもったことはない」と述べています。トルーマンのみならずアメリカ人には原爆投下は「戦争を終わらせるのに必要であった」とする者が多くいるのです。

Ⅴ　終戦

さて日本側の動きはどうだったでしょうか？東條英機内閣は1944年7

月 18 日に総辞職し、小磯国昭が組閣します。すでに戦争の負けは見えて
いたのですが、それでも日本は和平工作を試みます。日本と交戦状態にな
く中立条約を結んでいるソ連に期待をかけ、仲介してもらおうと考えます。
しかしソ連は 1945 年 4 月 5 日に日ソ中立条約廃棄を通告して来ます。対
中和平工作も繆斌工作等さまざま試みられますが、この時期の和平工作の
担い手はあやしい者も多く、到底成就するとは考えられない状況でした。
1945 年 4 月 7 日鈴木貫太郎内閣が組閣されます。米内光政海相、阿南惟
幾陸相、東郷茂徳外相という布陣でした。沖縄へ米軍が上陸して、いよい
よ本土決戦かという緊迫した状況です。戦局はもはや有利に展開すること
は不可能でした。それでもなお少しでもよい条件での終戦を模索する日本
は一縷の望みをかけて対ソ交渉をしてソ連を仲介とする和平の道を探ろう
とするのです。ですがソ連はすでに 1945 年 2 月のヤルタ会談の際にアメ
リカに対日参戦を約束しており、空しい交渉でした。

　前述のように 1945 年 7 月 17 日から 8 月 2 日にポツダム会談が行われ、
7 月 26 日ポツダム宣言が発出され日本の無条件降伏が勧告されます。こ
の時の日本の最大関心事は国体護持（天皇を頂点とした国家体制の維持）
でしたが、それに関する言及はありませんでした。困った政府は宣言を静
観することを決定します。政府は敗戦を知った国民が暴動などを起こし混
乱することを恐れたようです。宣言について新聞で小さく発表しました。
これを知った軍は憤慨し首相に政府見解の発表を求めました。鈴木首相は
「ポツダム宣言を黙殺し戦争完遂に邁進する」と発表したのです。この「黙
殺」を外国のメディアが「ignore」（無視）と訳して報道され、これが拒
否に近いニュアンスでとられてしまうのです。

　8 月 6 日広島に原爆が投下され、8 月 8 日ソ連が対日宣戦布告、8 月 9
日長崎に原爆が投下され、多くの命が一瞬にして吹き飛ぶという悲惨な状
態になりました。この状況についに日本の為政者は終戦の決意を天皇に伝
えます。しかしここに至っても政府内でポツダム宣言受諾について首相、
外相と陸相の間で見解が分かれました。陸相は条件（国体護持、保障占領、
武装解除、戦犯問題）をつけるべきだというのです。結局、天皇のご裁断
を仰ぎ、ようやくポツダム宣言受諾が決定しました。8 月 14 日ポツダム
宣言受諾、8 月 15 日天皇より「終戦の詔書」が日本国民に発表され、戦
争終結となったのです。

＜設問＞

1，次の用語の国際関係史上の意味を200字以内で説明しなさい。
　①マンハッタン計画
　②ポツダム宣言

2，アメリカの原爆投下決定過程をまとめ、日本人としてどのように感じるか、感想を述べなさい（800字以内）。

第15講

前期のまとめ

　前期の授業はこれで最後になります。なんとか第二次世界大戦の終戦までこぎつけましたが、まだまだ講義したい項目がありました。例えば、中国における国民党と共産党の歩みや、朝鮮における三一独立運動の朝鮮側の動き、については時間の都合で十分講義することができず、残念でした。このうち、中国の国民党と共産党の問題は、現在の東アジアの国際関係を考える上で、必要不可欠と思われますので、後期の最初に講義をする時間（項目）を設けようと思います。

　前期で扱う時代は、皆さんにとって「昔」の話であったことでしょう。しかしその中で、現代に通ずる問題や見方がかなりあることに気づいてくれたでしょうか？特に国際関係の動き方に関しては、この時代の方が、いわば「教科書的な国際関係の基本」を学ぶ上では有用だと私は考えています。技術が発達した現代では見えにくい（気づきにくい）国際関係の基本を学ぶことができるのです。このような動きは現代でも…、等という発見はなかったでしょうか？何でもいいのですが、そのような発見が一つでもあれば講義を受けた価値が十分あったと思います。

　また、「戦争」は人類にとって特殊なことではなかったということも知ってほしいと思います。日本は1890年代から1940年代までの50年ほどの間に、大きな戦争を4回も経験しています。それぞれの戦争への経過を見ると、「特殊」だったと言えるでしょうか？私にはそれなりの経過をたどっているように見えるのですが、皆さん方はどう感じましたか？ではどうしたら戦争になる道を阻止できたのか、どうすべきだったのか—答を探すのは簡単ではありませんが、少なくともそうした観点から歴史を考察することは現在の国際関係を考える礎となることでしょう。こうしたことを考え

ることは、これから先、皆さんが生きていく上で、大きな指標となること
と思っています。少しでもそのような「学び」になっていることを願って
います。

大学生のための東アジア国際政治史講義
後編

後編目次

第1講

後期の授業の開始にあたって

Ⅰ　後期ガイダンス

　この授業では、戦後の東アジアの国際政治史を中心に学びます。前期のこの講義では、19世紀後半から1945年に第二次世界大戦が終わるまでの東アジアの国際関係を考えました。その際、日本を中心に、中国や朝鮮半島がどうあって、日本とどうかかわってきたか、またアメリカやロシア（ソ連）との関係はどうなっていたか、その中で日本はどういう立ち位置にあったのか、に注目して考えてきたつもりです。

　授業のやり方は前期と同様で、1回ごとにテーマを決めてそれを学んでいきます。大学の授業は1回の授業時間の長さにもよりますが、半期で13回から15回設定されていますので、ガイダンスとまとめ、確認テストを含めて15回の講義時間を想定して書きました。講義で行う範囲は授業の前に指定しますので、教科書のその部分を読んで、授業を受け、また設問をやるといいでしょう。設問は復習で、この教科書や授業の内容をまとめれば十分解答ができるように作りました。もちろん教科書以外のことを自分で調べて解答してもいいですが、安易に辞書やインターネットに出回っているものを書くことはやめた方がいいです。コピペは基本的に認めません。自身のことばで書いてください。時間がないときには、教科書の場所を確認し、事前に設問だけでも簡単に見ておくと、その授業の大切な所を聞き逃さないでとらえることができるかもしれません。設問の解答はノートや専用のファイルにバックアップをとっておくといいでしょう。必ず、この授業用のノートあるいはファイル等を準備して、それに情報を保

管しておくことを勧めます。発信する予定の情報の量は少なくないので、あとで何とかしようと思っても時間や気力が追いつかなくなる可能性があります。この点はよく考えて、自分の学び方を工夫してほしいと思います。

Ⅱ　講義内容と参考文献

　この授業では、1940年代くらいから最近に至るまでの東アジア（日本、中国、朝鮮）の国際関係の歴史を学びます。前期のこの講義では、19世紀末から1940年代半ばまでの東アジアの国際関係の歴史を学びました。一応、1945年の第二次世界大戦終戦までを前期に終わらせたのですが、時間の都合でどうしてもできなかったことを後期のはじめに学びたいと考えます。それは中国が現在の形になったその経緯です。そこで最初に中国の国民党と共産党の歴史を振り返ります。そして中国がなぜ今のように社会主義の中華人民共和国となり、その台湾の扱いに対して各国が現在でも注目しているのか、これを考える基本的知識を説明したいと思います。近年、中国が大国化して国際関係においても重要な役割と影響力をもつようになりました。特に昨今、世界情勢が厳しい中で、「台湾有事」があったらどうする、などと叫ばれています。その意味するところは、ある程度中国の近現代の歴史をさかのぼっていかないと、わからないでしょう。そのため、どうしてもこれを押さえておきたいと考え、後期の始めにこれに関する講義を行うようにいたしました。

　ところで前期で扱った時代には日本は様々な戦争を経験しました。日清戦争、日露戦争、第一次世界大戦、第二次世界大戦（日中戦争、太平洋戦争）－とても厳しい時代でした。この時代、日本は近代国家として目覚め、たちまち国力を増強させ、結果として隣国である東アジア諸国に進出していきました。今でも中国や韓国といった諸国では、この時代の日本に「侵略」された、として日本の「歴史認識」を是正すべしといった切り口で日本を責める外交政策をとっています。侵略された側がそうした「歴史認識」をもつことは当然なのかもしれませんが、事実は事実として押さえるべきでしょう。正直にいうと彼等の主張には多分に感情的あるいは政治的な意図が込められている場合が多く、ともすると事実を置き去りにしてただた

だ先鋭な「日本責め」に走るきらいがあります。それではきちんとした国際関係を築くことはできないでしょう。この問題は安易に相手を責めるのではなく、事実を押さえて様々な立場や状況を解明し判断していくことが大切だと思うのです。その意味でも、日本をめぐる国際関係をしっかり学んでほしいと思います。

　さて、今期は最初に中国がなぜ今の形になったのかを勉強し、次に長く戦後の国際秩序を形作ってきた「冷戦」を考えます。その中で東アジアではどういうことが起きたのかについて、講義していくつもりです。後期のこうした授業内容は、まさに現在の国際関係に直結する問題を多く含みます。特に昨今の厳しい国際関係にある日本の立ち位置を考えるのに、必要不可欠な問題を多く提示する予定で、国際関係論の基本的知識を意識した内容になっています。その意味では後期の授業内容は、基礎的なところと専門的なところと両方が混在しているといえます。最初の3講くらいまでの内容は、かなり専門的な内容も含みますが、できるだけわかりやすく説明するつもりです。決してやさしいだけの授業ではありませんが、何かひとつでも、自分の問題意識や興味を持って学んで欲しいと思います。

　講義の前に講義全体の参考文献を掲げます。

　上原一慶他『東アジア近現代史』有斐閣

　川島真他『東アジア国際政治史』名古屋大学出版会

　佐々木雄太『国際政治史』名古屋大学出版会

　池井優『日本外交史概説』慶應義塾大学出版会

　山田辰雄編『近代中国人名辞典』霞山会

　市川正明編『朝鮮半島近現代史年表主要文書』原書房

　家近亮子『新訂現代東アジアの政治と社会』放送大学教育振興会

　家近亮子他『東アジアの政治社会と国際関係』放送大学教育振興会

　これらの本は、大学のテキストにするには、特に値段が安いわけではなく、また、内容も決してやさしいものではないかもしれません。東アジアの近現代史に関して書かれたやさしくて値段が手頃な本となると、私の気に入るものがあまりなくて、こういった参考文献の列挙になりました。私としては、一定の考えや思想をおしつけるような書き方をしているものは

選びたくなかったのです。また、日本も中国も朝鮮半島（本書の「はじめに」でも書きましたが朝鮮は時代により朝鮮あるいは韓国と呼び方が変わります。中には短い時期に変わることもありました。これらをふまえて本書で使っている名称に特に政治的な意味合いはないことを再度断っておきます。）も書かれているものを…と考えたのですが、なかなか教科書としてこれというものがありませんでした。そこでこれらやその他の文献を参考にして、私が授業用に整理した内容を作りました。本書はそれをまとめたものです。授業は基本的に各講、つまり1回ごとに完結した話にしたいと考えています。

　一つの歴史的事柄にも様々な解釈が成り立ちますから、私の解釈が絶対的なものと考えなくて結構です。しかし、一応の基礎知識を習得することは何をする上でも必要ですから、最低限その習得と、加えて現代の日本の国際関係を考える契機を、この講義で得て欲しいと思っています。

　それでは次講から本格的な講義内容に入っていきたいと思います。

第2講

中国－国民党と共産党

　前期の最後の方で太平洋戦争開戦から原爆投下、終戦に至る日本を中心とした東アジアの動きを学びました。ここで少し時代は逆戻りしますが、中国の動きに注目します。現代の中国を支配しているのは中国共産党です。中国共産党が政権をとり、中華人民共和国という社会主義体制の国を建国したのは戦後の1949年10月のことです。まだ70年余りの歴史しかないのです。おそらく皆さん方は中国がどのようにして社会主義体制の国になったのか、ご存じないでしょう。その過程を学ぶことは、現在の香港問題や台湾問題を考える上で、不可欠であると考え、ここで2回を使って、簡単にその歴史をふりかえってみたいと思います。

I　中国共産党創設

　中国が封建的な専制国家体制の清朝から共和制の中華民国に変わったのは1911年でした（辛亥革命）。革命前の清末には弱った国家の間隙をついて列強の中国分割がさかんでした。革命が成就したとはいえ中華民国政府の下で広大な中国がまとまるのは難しく、軍閥割拠の状態が続き、列強の介入を許す事になりました。そんな中で1910年代後半には中国ナショナリズムの発展の契機がありました。第一次世界大戦が1914年に勃発すると、ヨーロッパ列強は戦争に力をとられ、中国における支配が弱まって、中国独自の民族資本の覚醒や新思想運動、ナショナリズム運動が起こってきました。

　たとえば1915年頃から見られた陳独秀らの雑誌『新青年』を中心とし

た運動は、「科学と民主主義」を標榜するもので、西欧における思想によって伝統的中国の思想や体制を批判するものでした。こうした考えが起点となったのは、孫文における出発点と似ています。ちなみにこの運動は「五四文化運動」と称されていますが、五四運動（1919年5月4日）はこの後にあるわけで、後世に名付けられたものと思われます。

　しかし1917年にロシア革命が起こると、その影響を受けて中国のナショナリズムに変質が見られるのです。急進化したといえましょう。1917頃より李大釗（りたいしょう）がマルクス主義を導入し、それを中国の伝統的思想のみならず西欧の帝国主義的進出の背後の思想・制度を批判する武器にしていったのです。そして第一次世界大戦の講和会議が開催された直後の1919年5月4日に「五四運動」が起きます。これは北京大学の学生を中心としたデモでした。日本が1915年に対華二十一カ条要求を中国に押しつけ、講和会議ではドイツの中国権益を要求したこともあり、日本の中国進出に対し「反帝国主義」を掲げた運動を起こしたのです。この「反帝国主義」はロシア革命と同じスローガンで、中国革命が世界革命の中で意識されたともいえます。これには北京大学生を中心に若者・労働者・一般市民が参加しましたが、運動の中心となった者から、後（のち）に中国共産党員となっていく者が出ました。五四運動はその意味で、中国共産党成立の準備段階の出来事であったといえます。

　このような中国ナショナリズムの発展にロシア革命という要因とソ連のコミンテルン（世界共産主義運動の指導団体）の直接的指導が加わり、1921年7月に上海で中国共産党の第1回全国代表大会が行われ、中国共産党の成立が宣言されました。初期の共産党を指導したのは、陳独秀らと思われます。労働者運動・農民運動に力を入れ、「反軍閥・反帝国主義」を掲げて当時の軍閥や列強の帝国主義の下で虐げられた人々の賛同を得ていこうという特徴があり、一時期の孫文の考えとも共通するものをもっていました。それが「国共合作」（国民党と共産党の協力）を可能としたといえます。

Ⅱ　第一次国共合作

　共産党の成立とその動きは、当時の中国における「与党」というべき国民党にとっても注目の的でした。掲げられた政治的スローガンには共鳴する部分もあり、1924 年 1 月の国民党全国代表大会で国共合作及び共産党との統一戦線が決定されます。この年から 1927 年までが第一次国共合作期になります。ここではこの期間を三つの時期に分けて考えます。

1）第一期：1924 年 1 月から 1925 年 3 月まで──孫文生存期

　革命の中心であった孫文が生きていた時期で、孫文のもとで統一政策が可能となりました。この時期の見るべき動きは次の二つです。

　第一に、大衆的基盤にもとづいた反帝国主義運動に重きをおいたことです。ただし大衆運動が得意だったのは共産党の方で、この点は共産党に大方牛耳られていました。

　第二に、国民党がこの時期には自らの軍隊を作ったことです。国民党は 1924 年 6 月に黄埔軍官学校を作り自らの軍隊の創設に乗り出すのです。この校長になったのが蒋介石です。これにより国民党の軍人は皆蒋介石の教え子になるわけで、蒋介石にとってもこれは大変意味のあることでした。ちなみにそれまでの中国の軍人が近代的軍事教育を受けようとした場合、多くは日本に留学するという道をたどっています。蒋介石自身も日本留学経験者です。東アジア諸国の人々にとって、日本は「近代」に触れ学ぶことができる場所だったのです。ただ教育して育てるまではある程度時間がかかるため、国民党の軍事力は当面弱体で、孫文は地方の軍隊に依存することになりました。

蒋介石

2）第二期：1925 年 3 月から 1926 年 12 月まで

　孫文が 1925 年 3 月に亡くなると革命運動

の中心がなくなって、国民党内の派閥争いが激化します。国民党の派閥は単純ではありませんが、当時の国民党内の政治勢力を四つに分けると次のようになります。①国民党右派（西山派）－共産党との合作は反対です。②中間派（蔣介石中心）－軍事力を掌握しています。③国民党左派（汪精衛中心）－党の組織を牛耳っています。④中国共産党－大衆運動を掌握しています。この時期の国共合作の勢力模様は以下のようでした。

図Ⅱ-2-1　国民党の派閥と共産党

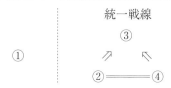

中間派と共産党が提携し、左派をコントロールして党を指示するという形で政治が進行しました。

ところが1926年3月に中山艦事件が起きます。蔣介石らが共産党を弾圧したのです。これを機に蔣介石（中間派）と共産党の対立が激化します。そんな中で1926年7月に北伐が開始されます。辛亥革命は南方の方が中心となった革命で、北方の軍閥は必ずしも国民党の支配下にあるとはいいきれない状態でした。蔣介石率いる国民党は北方の軍閥勢力を攻撃し北進し、国民党による中国統一を目指したのです。北伐は急速に進み、1927年には華中まで来ます。この動きの中で、農民や労働者は共産党の革命派として組織されていきました。

3）第三期：1927年1月から1927年9月まで

ここで国民党左派と共産党が結んで、武漢に政府を樹立してしまうのです（武漢政府）。武漢政府は汪精衛（汪兆銘）を首班とする国民党左派主導の政府でした。これに対し蔣介石は1927年4月12日に上海で反共クーデター（四・一二クーデター）を起こし、南京に国民政府を樹立します（南京政府）。これ以降、武漢政府の内部対立が顕著となります。共産党指導の農民運動や労働運動が激化し、左派はブルジョア資本家や地主と協力す

るようになっていくのです。結局 1927 年 7 月に武漢政府は国共分離を宣言し、9 月に南京政府に合流して消滅しました。ここに第一次国共合作は崩壊したのです。

　その後 1927 年から 1931 年末頃までは国民党の派閥争いから蔣介石政権樹立となった時期です。1928 年 6 月には北伐が北京に到達し、完了します。つまり国民党による中国統一が、東北地方までは入らないものの、長城までは一応なされた、ということです。この 28 年から 29 年にかけて蔣介石が国民党内部の勢力を一挙に握ろうとして派閥争いが激化するのです。「派閥争い」といっても、本気で戦ってしまうのですから大変なことです。1929 年から 30 年にかけて反蔣戦争が 4 回も繰り広げられ、各派入り乱れて蔣介石の軍事独裁に反対しますが、いずれも蔣介石が勝利したのです。蔣介石が勝てた理由ですが、次のように考えます。

　第一に、一応、軍事力を掌握していたことです。蔣介石は前述のように黄埔軍官学校の校長であったため、その学生が基盤となり軍関係者に大きな影響力を持っていました。

　第二に、蔣介石は政治勢力の操縦がうまかったとされます。派閥をむしろ巧みに利用したということではないでしょうか。

　第三に、蔣介石が浙江財閥の中に財政的基盤を持っていたということです。当時の蔣介石の夫人は宋美齢で、この宋家は中国の四大財閥に数えられる大財閥だったのです。父親は孫文の革命の支援者で、美齢の長姉宋靄齢は孔祥熙（孫文の側近）夫人ですがこの孔家も四大財閥の一つでした。その上、次姉宋慶齢は孫文夫人となっています。さらに弟の宋子文は政治家で蔣介石の懐刀でもある、という家族なのです。つまり蔣介石は中国の四大財閥のうち、二つまで姻戚関係をもっていたわけです。ですから、資金力が違います。ちなみに美齢は 3 番目の夫人で、蔣介石自身は 2 番目の夫人をとても愛していたようですが、その夫人をアメリカにやり、日本まで美齢を追いかけ、結婚を迫ったのだそうです。「愛」より「政治的な野望」ということでしょうか？

　ともあれ蔣介石は国民党の中で権力を握ったのですが、この頃には国民党自体が反動化していた、ともされます。いわば「革命的」性格を失っていったのです。言い換えると、かつてウエスタン・インパクト（西洋の衝撃）を取り入れつつ封建中国の打破を試みた人々は、それに代わるべき何

かを作り出す能力を失っていったともいえます。このような革命精神の喪失が、以降の国民党の体質となっていくのです。

　1931年9月18日には満洲事変が起きて、日本の中国東北への進出が本格化することになります。

Ⅲ　共産党の路線

　一方の共産党の方はどのような路線対立があったのでしょうか？共産党においても路線の対立は厳しいものがありました。武漢政府において1927年7月に国共分離宣言がなされ、共産党は粛正の対象になり、事実上国共合作は崩壊するのですが、この過程で共産党の指導者の中で理論的な問題点があらわになっていくのです。つまり①大衆運動急進化の一方で国共合作をどう維持していくのか、②ブルジョア民主主義革命を指導するのはプロレタリアートである、というマルクス主義の教義にしたがえば、中国において都市と農村はどのような意味をもっているのか、といった問題です。これに対する3つの路線に注目しつつ、共産党の歴史を見ていきます。

1）陳独秀　→　瞿秋白（くしゅうはく）　→　李立三

　①については、陳独秀は大衆運動が急進化すると国民党内部に支障をきたし、国共合作と矛盾するので大衆運動は抑えるべきである、と考えました。これに対し瞿秋白と毛沢東（もうたくとう）は中国におけるブルジョア民主主義革命はプロレタリアートによるものであるから、大衆運動の激化によって国共合作は強化されるはずである、としたのです。

　②については陳や瞿が都市における大衆運動の勝利が中国革命に決定的な意味を持つという都市工作重点主義を掲げたのに対し、毛沢東は広大な農村に注目したのです。

　これらをふまえた上で瞿秋白が政治的指導を確立した経緯をみます。瞿は都市における勝利が中国革命の決定的要因であると考えており、近い将来か現に革命が起こりつつあるとの認識を示しました。そこで革命の成功

のため、都市により政府の打倒を実現させようとしたのです。この考えに基づいて 1927 年 8 月 1 日江西省南昌で暴動を起こしますが、これは失敗に終わります。そこで 8 月 7 日に緊急会議が開かれ、陳独秀が排除され、瞿が力を持つようになったのです。今度は瞿のもとで 1927 年 9 月に秋収暴動、12 月に広州市で武装蜂起と一連の暴動を起こし、広東コミューンを成立させます。つまり一時的ではありますが共産党政権を作ったのです。しかしこれもすぐに国民党が鎮圧してしまいます。これらの動きの中で瞿の指導に対する不満や批判が出てくるのです。

　1928 年 7 月の六全大会はモスクワで開催され、瞿の政策は批判され、李立三が党内の権力を握ることになります。李の考えも都市革命でした。李は世界恐慌・反蔣戦争・農民革命等で革命情勢は煮詰まって来ており、どこかで革命が勃発すれば中国にも波及するし、ある都市で革命が起こればそれが全土に広がり、世界に広がっていくであろう、とします。このような考えのもと、1930 年 7 月湖南省長沙を攻撃しますが、失敗し李も失脚するのです。

2）毛沢東の指導権確立

　これまで見たように、共産党の指導者はいずれも都市工作重点主義でした。これに対し毛沢東は当時の中国は農村人口が 8 割以上で、圧倒的に多い「遅れた農村社会」であることを考慮に入れ、農村において革命根拠地を樹立し、都市を包囲する、という方針を考えるのです。しかし毛沢東はずっと共産党の中央にいたわけではありませんでした。1927 年 9 月の秋収暴動の失敗で奥地の井岡山へ逃亡していました。そこで毛は農村工作に着手します。1928 年朱徳と毛で紅軍（中国共産党の軍隊）を組織します。さらに 1931 年 11 月江西省瑞金に中華ソヴィエト共和国臨時政府を成立させ、毛沢東が主席になります。

毛沢東

　ところで 1930 年から 34 年にかけて蔣介石が 5 回にわたる反共攻撃をしてきました。毛

らは4回までこれを撃退しましたが、結局逃走し党中央と合流していきます。党中央では1931年1月の四中全会において李立三から王明らソ連留学生派に指導権が移っていました。彼らもまた都市工作重点主義でした。毛らのソヴィエット政権も1934年10月の第5回目の蔣介石の反共闘争で崩壊し、共産党は敗走し、長い大移動を開始するのです。これが長征です。1935年10月に陝西省にたどり着くまでに、人員が十分の一になったといわれる過酷な旅でした。途中の貴州省遵義において第5回反共闘争に敗北した責任を討議する会議（遵義会議）が1935年1月に開催され、ここでソ連留学生派から毛沢東に指導権が移りました。こうして毛沢東が中国共産党の指導権を確立したのです。

Ⅳ　抗日民族統一戦線

1）統一戦線の提唱

　1931年9月18日満洲事変が起きて、中国東北地方に日本の関東軍が進出し、翌年には満洲国を建国するという事態は中国にとってまさに「民族的危機」を認識させました。それは第二次国共合作への流れを形成します。

　1932年4月共産党が日本に宣戦布告をします。当時の共産党が考える統一戦線は労働者と農民、兵隊が含まれます。それでは国民党の蔣介石は含めるのでしょうか？ 1935年8月1日に共産党が出した八一宣言では抗日民族統一戦線は労農に小ブルジョアジーと民族ブルジョアジー等、中間的勢力を含めています。ただし蔣介石はまだ対象から外されていました。しかし「民族的危機」の認識の中で対象が広がっていったのです。

　1936年5月には共産党は蔣介石も含めた抗日民族統一戦線を提唱しました。国民党はこれにどう応えたのでしょうか。当時の蔣介石は眼前の共産党を第一の敵とみなし、これを討伐することにかけていました。「安内攘外」——つまりまず共産党を討伐したのちに日本に当たるというのが蔣介石の政策でした。国民党内にはそんな蔣介石の方針に反発する者もいました。そこで起きたのが西安事変です。1936年12月西安で東北軍の張学良と西北軍の楊虎城が蔣介石を監禁し、今は国内一致して抗日に当

たるべきである、と説得します。共産党から周恩来も来て説得した結果、
蔣は「抗日救国」を受け入れたのです。

2）日中戦争

1937 年 7 月に盧溝橋事件が起こり、日中戦争が勃発します。そんな中
で 9 月に第二次国共合作が成立したのです。

日中戦争は次の 3 段階の経過をたどります。

第一に、1937 年 7 月から 38 年末までの日本の攻勢期。

第二に、1939 年初から 41 年 12 月までの日中勢力均衡期。

第三に、1941 年 12 月から 1945 年 8 月までの米国が加担した中国反撃期。

結果的に日本は太平洋戦争に敗れ、中国大陸から去りました。

Ⅴ　国共内戦

日本の敗戦・引き揚げにより国民党と共産党の共通の敵がいなくなり、
国民党と共産党の対立が表面化しました。日中戦争後の中国は国共内戦時
代になっていくのです。詳しくは次講で学びます。そんな中で国民党の反
動化と腐敗が顕著になっていき、結局国民党は敗れ、台湾へ逃げたのです。

1949 年 10 月 1 日中華人民共和国の樹立が宣言されました。

＜設問＞

1，次の用語の国際政治史上の意味を200字程度で述べなさい。
　①毛沢東
　②蔣介石

2，第一次国共合作と第二次国共合作の成立要因で最も大きいと感
　　じたものをそれぞれ簡単にまとめて述べなさい（800字以内）。

資料Ⅱ-2-2　長征

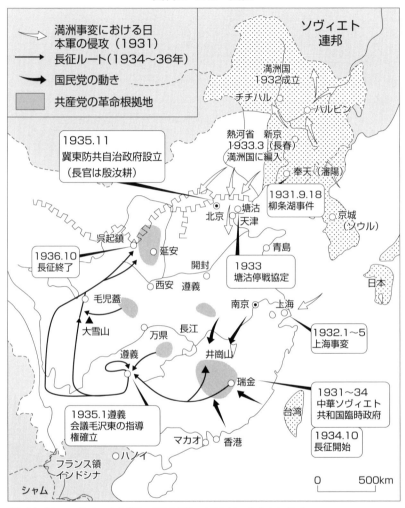

（出典）『タペストリー十訂版』、帝国書院、2022年、をもとに作成。

第3講

中国－国共内戦から新中国成立へ

　この講では中国の国共内戦期を中心に、どういった過程で現在の中華人民共和国ができたのかを学びます。1949年10月1日に中華人民共和国が成立し、社会主義の中国が誕生します。それは世界で最も大きな国が社会主義体制の国家となった衝撃的な出来事でした。国共内戦期は1945年8月に日本が敗戦してから1949年10月に中華人民共和国が成立した時期をさします。

I　国共内戦とは

　すでに指摘した通り、中国では1945年8月の日本の敗戦以降、国民党と共産党が、日本という共通の敵が去り対立が表面化して、国共間で中国における政治的主導権をめぐり争うことになりました。結果としては共産党が勝利し、国民党は台湾へ逃げることになるのですが、それまでの経過を整理して見ていきます。まず国共内戦期の特徴を以下にまとめます。

1）担い手——国民党と共産党

　担い手は国民党と共産党でした。国民党には広大な土地（支配地域）とその上で生活する人民があり、近代的な兵力に優った国民党軍を有していました。一方、共産党には19の解放区に加え、解放軍がありました。

2）戦う目標

戦う目標は何だったのでしょうか？第一に、何といっても中国を支配する正統性の獲得が目標でした。第二に、そのために相手勢力の軍事的粉砕を必要としました。

3）その他勢力

国民党と共産党以外の勢力には何があったのでしょうか？主たる勢力として、次の三つが考えられます。第一は米国です。米国は国民党を支援します。第二はソ連です。ソ連は一応、共産党を支援するはずですが、これは時期や懸案によって異なっており、一概にはいえません。第三は中国国内の国民党と共産党以外の第三勢力です。彼等の動向は内戦の行方を左右する非常に重要な要素となります。

Ⅱ　1945年段階の国共の資産

1945年時点でのこれらの勢力の「資産」はどのようなものだったのでしょうか？

1）国民党の強み

国民党の強みは次のような点でした。まず最初に挙げるべきは、国民党が戦争終結時に持っていた軍事力でしょう。国民党は抗日戦争を戦うために米国から多大な支援を受けており、近代的装備を持った軍事力がありました。第二に、ここでも指摘しましたが、米国の対華援助です。米国にとって戦前にアジアの安定勢力として期待したのは日本でしたが、戦後それに代わるものとしてこれまで支援をしてきた蔣介石の中国に期待をかけざるを得なくなりました。第三に、蔣介石の名声と威信です。なんといっても蔣介石は孫文の後継者としての地位を認められた中華民国のトップであり、抗日戦争の推進者です。中国の代表者として対外的に認識されていま

した。

2）国民党の弱み

　では、国民党の弱みは何だったのでしょうか？第一に、前講で若干見ま
したが、党内派閥の存在です。何しろ反蔣戦争などという党内で戦争まで
やってしまう程激しい派閥争いです。国民党は様々な勢力を組み入れて発
展したのですが、厳しい派閥争いは意志決定を複雑化し行動を起こすのを
困難にしました。それが国民党の体質を形作ることになります。

　第二に、国民党の内部に進歩的性格が欠如していたことです。進歩的勢
力として具体的には民族ブルジョワジーがありますが、日中戦争中に上海
や広東などの民族ブルジョワジーの根拠地が陥落したこともあり、それら
が国民党の保守化や腐敗を促し、軍の士気低下に至ったとされます。

3）共産党の強み

　次に、共産党の強みはどのような点にあったのでしょうか？第一に、党
の指導の一元化ということです。共産党は毛沢東指導による規律の高い党
であったということです。党では「三大規律・八項注意」として、字の読
めない農民などでもわかるように具体的な行動の注意事項を示していまし
た。対立勢力は「整風運動」によって排除されました。整風運動とは党風
（党工作のやり方）、学風（学問のやり方）、文風（文章表現のやり方）に
おいて主観主義を排除するといういわばキャンペーンです。実際そのよう
な方法で「ソ連留学生派」の排除が行われました。

　第二に、革命戦略として「農村から都市へ」という整ったものがあった
ということです。毛沢東は中国の特異性に注目し、都市に強力な反革命勢
力が存在し、農村は広大で自給自足で都市の勢力が及ばず、農民は革命的
潜在力を持っている、したがって農村における革命が発展しやすい、とし
てまず農村において革命を発展させ、都市を包囲し孤立させ、その後奪取
するという戦略をたてたのです。

　第三に、19の解放区で身につけた行政統治技術をもっていたことです。
たとえば荒地であった「南泥湾」を開拓し、抗日根拠地とし軍民大生産運

動を行うなどの経験はその後も活かされました。

　第四に、抗日戦争を実際に戦ったという声望です。国民党は守勢で共産軍が専ら日本と戦ったという認識で、例えば八路軍の宣伝などが知識青年に与えた影響は大きかったようです。

4）共産党の弱み

　では共産党の弱みはいかなるものだったのでしょうか？第一に、軍事力は国民党軍がおよそ430万人で米国からの装備の援助があったのに対し、共産党軍はおよそ90万人であったとされ、明らかに劣りました。

　第二に、相対的に見て、国民党軍に比し弱いことは認めざるを得ません。解放区の人口は約1億弱といわれますが、19解放区がばらばらで各々孤立的に存在していたため力は大きなものとはなりませんでした。

　第三に、対外的に認められていなかったことです。かつて戦争のため中国大陸に滞在した日本兵だった方に聞いたところ、当時は共産党というと、「どこのごろつき集団かと思っていた」と言っていました。厳しい表現ですが、共産党がこの当時に対外的にはそのように見られたのは真実であったと思われます。

Ⅲ　国共内戦の経過と新中国成立

　ここでは国共内戦の経過を3つの時期に分けて説明します。

1）第1期：1945年8月から46年6月まで―平和と民主主義の時期

　1945年8月に日本が敗戦となり中国大陸から去っていくと、共通敵がなくなり国民党と共産党の対立が激化します。また、日本の占領地域をどのように接収するかが問題となりました。国民党としては自分たちが中国の正統政府であるという自負があり、共産党は自分たちが抗日戦を実際に戦ったという自負があります。

　アメリカは中国をアジアにおける安定勢力にしようと考えていました。

このため、戦中からの蒋介石援助を戦後も続けます。アメリカとしては内戦は好ましいことではなく、国共間の調停をしたのです。これにより1945年8月に蒋毛会談が実現し、内戦停止、国民党の軍隊削減、国民党以外の政党の承認、等が話し合われました。

　1946年1月にアメリカの斡旋で政治協商会議が開かれ、平和建国綱領の採択、憲法草案の起草、等がなされました。しかし国民党はこの会議でイニシアティヴをとれず、草案で国民党の独裁が否定されます。1946年3月の二中全会で国民党が先の協商会議の決議を拒否したのです。これは共産党や第三勢力の態度を硬化させました。

　1946年3月以降、日本の占領地域の接収をめぐって国共の対立が深刻化していったのです。アメリカは国共の調停は不可能ではないかと考え始めます。ソ連は終戦直前に満洲に侵入してきて満洲の工業地帯を接収していました。ここを国共いずれがとるのか、これは深刻な問題でした。結局ソ連は共産党に解放していきます。東北地方における共産党の勢力が拡大していくのです。満洲は日本が開発していたこともあり、豊かでこの地域の行方はその後の趨勢を左右する重要なものでした。

2) 第2期：1946年7月から47年6月まで──国民党優勢期

　前述のようにアメリカの仲介にもかかわらず調停はうまくいかず、国共の対立は明確化していきます。この時期は国民党が優勢でした。

　1946年11月に開かれた国民大会において新憲法が採択されるのですが、ここで第三勢力が分裂して、国共それぞれについたのです。この時点ではまだ、国民党の方が優勢となり、共産党の根拠地であった延安も陥落させます。しかし第3期にはこれが逆転してしまいます。ここで第3期に勢力関係が逆転する理由を考えてみましょう。次の5点にまとめました。

　第一に、軍事戦略の違いに注目します。国民党はいわば「点と線」をおさえる都市重視型の戦略－すなわち中心的な都市の確保と鉄道の要地をおさえる戦略をとっていました。しかしこれでは都市と都市の間の要路の獲得は容易で妨げることが難しい。その上蒋介石側近とそうでない勢力との間の対立が戦略上の弱点を生みました。

　これに対し、共産党は「面」をおさえる農村重視型方式をとります。つ

まり農村を獲得し、それによって都市を包囲するという作戦でした。国民党の支配地域は次第に縮小していきます。

　第二に、国民党の支配地域においてインフレがおきます。これは特に給与生活者にとっては痛手で、知識人の信頼を失い、人々の政府に対する不信感を高めました。

　第三に、国民党の支配地域内でアメリカに対し反対運動が起きます。それが次第に国民党への反対運動に転じてしまうのです。

　第四に、共産党が土地改革により農民を取り込んでいったことがあります。1946年5月4日に「五四指示」が出され、47年10月土地法大綱により、最大人口である中貧農に土地を与えるとしました。これにより地主が「打倒」の対象になるわけですが、場合により地主も自陣に取り込む政策をとったようです。

　第五に、共産党の中央統一です。前述のように共産党の解放区はバラバラで、それが政治勢力としての弱みだったのですが、党が中央統一されたことで、これらが党中央の指導下に入り一元化されるようになりました。

3）第3期：1947年7月から49年10月まで――共産党の全面反抗期

　この時期に戦局を左右した三つの戦争に注目します。まず1948年9月から11月の遼瀋戦役－ここで共産党が勝利します。次に1948年11月から49年1月の淮海戦役と北京・天津戦役－ここで国民党の北京司令官だった傅作義が共産党へ寝返り、和平条件を受諾するのです。このような情勢で第三勢力がほとんど共産党の側につき、国民党は寛大さを失い、ますます第三勢力を共産側におしやることになりました。ついに1949年1月に蔣介石が引退の声明を出します。引退の条件は共産党との和平談判をすることでした。しかし共産党は強硬な態度をとり、8つの条件を突きつけるのです。その中に「戦争犯罪人の処罰」が含まれていました。これでは蔣介石が処罰されるのは明らかです。結局国民党は1949年3月に揚子江を下り台湾へ行きました。こうなると1949年4月には共産党が軍事的に圧倒することになり、1949年9月に中国人民政治協商会議が開かれ、1949年10月1日中華人民共和国の成立となりました。

　国共内戦の過程の中で国民党は持っていた弱みが拡大し、共産党は自ら

の資産を拡大していきました。国民党は革命性を失い自壊したように見えるのです。

＜設問＞

　内戦期に中国国民党が中国共産党に勢力の逆転を許す要因をまとめなさい（800字以内）。

第4講

冷戦（Cold War）

　本講から本格的に戦後の国際政治史を学びます。しばらくの間は戦後に登場した国際関係の構造である「冷戦」ならびに「冷戦体制」について考えていきます。

I　冷戦とは

　冷戦とは、確固たる定義はないのですが、一応、アメリカを中心とした西側・資本主義陣営　対　ソ連を中心とした東側・社会主義陣営との間の火をふかない「戦争」－対立構造を指します。これは第二次世界大戦後になってから世界に出現した国際関係の構造で、伝統的な意味での「戦争」にも「平和」にもならない状態であるといわれるのです。「戦争でも平和でもない」抗争、「火をふかない」抗争といっても、なかなかイメージしづらいかもしれません。ただ戦後の一定の期間、世界のほとんどの国家を巻き込んで、世界的な規模で冷戦がくり広げられたことは事実です。東アジアも例外ではありませんでした。

　ところで皆さん方は、冷戦が華やかだった時代における典型的な資本主義国家と社会主義国家をいくつあげることができるでしょうか？資本主義陣営に入る国では、たとえばアメリカ（この陣営の中心、「親分格」ですね）、それから西ヨーロッパの諸国家、アメリカの同盟国（日本、韓国、フィリピン等）、といった国家はあげて欲しいですね。それでは社会主義陣営に入る国はどうでしょう？ソ連（アメリカの対抗馬で、この陣営の「親分格」）、東欧諸国、等は真っ先に思い浮かべて欲しいです。それからアジアでは中

国、北朝鮮、等の社会主義体制をとる国々。

　ところでこのような問題を出されて国家名を挙げよ、となったときに、私が今、書いたように、「中国」と書いたら、減点されてしまいます。同じく、「ベトナム」「ドイツ」という書き方も微妙です。なぜだかわかりますか？社会主義・中国の誕生過程は前講、前々講で説明しました。1949年10月に中華人民共和国ができたわけですが、中華民国の看板を掲げている人たちが台湾に逃げてそこで中華民国政府を掲げていました。そして双方で「正統性の争い」を行っていたのです。つまりお互いに自分たちが本当の中国政府である、と主張していたのです。国連では中華民国の方が議席を得ていました。冷戦期、1950年代60年代くらいまでは、そんな対立状態が続いたのです。中国は中華人民共和国（社会主義）と中華民国（資本主義）の「2つの中国」、とか、香港も含めた「3つの中国」、などと呼ばれました。それが1970年代に入る頃に、大きく国際関係が動いて、国連の議席も中華人民共和国がとり、中華民国は脱退したのですが、双方の主張は基本的には変わっていません。つまり、正統性の争いはある面ではいまだ存在するのです。中華人民共和国は台湾を自分たちの「省」だとして、「一つの中国」を強調しますが、台湾の人たちがすべてそれを受け入れているわけではなく、台湾独立論も根強く存在し、中華人民共和国が武力で台湾を配下に置こうとすることを台湾は非常に恐れています。近年の香港問題も、台湾にとっては他人事ではないのです。こうした事実を踏まえると、中華人民共和国は社会主義陣営、中華民国は資本主義陣営に入る国家（地域）であった、とわかるように書くことが必要となります。

　このように同じ民族でありながら、冷戦下で資本主義と社会主義という異なる体制に分かれてしまった国家を「分断国家」といいます。先ほど挙げた「ベトナム」や「ドイツ」も戦後の冷戦下で分断国家となってしまった例です。ベトナムは一時「北ベトナム」（社会主義）と「南ベトナム」（資本主義）で戦争状態にありましたが、1976年にベトナム社会主義共和国となっています。ドイツは「東ドイツ」（社会主義）と西ドイツ（資本主義）とに分かれていましたが、1990年に東が西に吸収されドイツ連邦共和国として統一されました。それから、韓国（大韓民国、資本主義）と北朝鮮（朝鮮民主主義人民共和国、社会主義）は現在でも続く分断国家ですね。

　冷戦下で東側社会主義陣営と西側資本主義陣営の対立構造が顕在化する

中で、「分断国家」という状態の「国家」が出て来たことも、戦後の国際政治に独特なものです。これらのことを念頭において国際政治の動きをみていかねばなりません。

Ⅱ　「核の抑止」

　ところでなぜ「冷戦」という状態になったのか、ということを理解する上で必ず考慮に入れなければならないのは「核兵器」の存在です。核兵器は、第二次世界大戦の末期にアメリカが開発に成功し、人類の歴史上初めて出現したものです。これはいわば世界の国際関係の構造を変える大きな出来事でした。

　この時開発されたのが「原子爆弾」です。ある種のウランやプルトニウムの原子核は中性子を照射すると分裂して中性子を放出するのだそうですが、この分裂の際にエネルギーが放出されます。この核分裂を連鎖的に起こすと巨大なエネルギーが放出されることになり、爆風や破壊、熱放射線を出す－これを利用した兵器です。

　前期の授業の第 14 講で、原爆の製造と広島投下の政策形成過程を学びましたが、日本はこれまでの人類史上最初で最後の被爆国になりました。当時新兵器であった原爆はどれだけの破壊力をもつのかわかりませんでした。開発した科学者はその恐ろしさを認識していましたので、そのような兵器を戦争中とはいえ一般市民に向けて使用したことに対しては怒りを禁じ得ません。

　1945 年 8 月 6 日広島に落とされた原爆の威力は 13 キロトンであったといいます。一瞬にして街の様子が変わり、13 万人の死者が出たとも、この年の末までに 20 万人の犠牲者が出たともいわれています。爆心地に近い所の建物や人間は、影しか残らなかったそうで、その悲惨な状況は、広島の原爆記念館に行くと展示されています。ただ、記念館に展示されているものは選ばれており、あまりに悲惨で展示できないものも多くあるそうです。

　広島に落とされてから 3 日後の 8 月 9 日に長崎に 22 キロトンの原爆が落とされました。広島型とまた違ったもので、こちらの方が威力が強いも

のです。長崎の犠牲者は6万7000人ともいわれます。13キロトン（広島）と22キロトン（長崎）、数字の上では長崎に落とされたものの方が大きいのですが、死者の数が違うのは、地形が影響したと考えられます。長崎の場合、三方を山が囲む盆地で、もう一方は海でした、したがって、爆風が遮られて被害が限定されたともいわれます。

　アメリカは「戦争を早く終わらせるために使用した」と主張していますが、予告なしに一般民衆の上にこのような爆弾を落とす−それに対する道義的な非難はなされてしかるべきでしょう。前期第14講でみたように、開発中から投下の標的は「常に日本」だったといいますから、ひどいものです。日本があと少し早く戦争を終えていたら…とも感じるのですが。

　投下直後の被害がすさまじかったことはいうまでもありませんが、生き残った被爆者はその後の放射能による被害にも悩まされました。被爆した方々から白血病が通常より多く発症したことはよく知られています。白血病はいわば血液の癌で、最近では被爆により癌になりやすくなったのでは、という報告もあります。また、遺伝的な影響があるのかないのかも、よくわかっていません。ある程度調査はされているようですが、被爆者の情報を守る立場があるのか一般の方々にはわからないことが多いです。ちなみに私の親戚に母親が広島で被爆した人がいます。この人は戦後の1951年生まれですが、一応被爆者手帳をもっているようです。でも普通の家庭を作り子供も、元気な孫もいます。また被爆したその母親も90歳余りまで存命でした。

　ところで原爆がこのような危険な兵器であるとわかったのですが、それはこれを相手陣営が持ち使ったら、味方が圧倒的に不利になるということでもあります。したがって核兵器開発は歯止めがかかるどころか一層促進されるのです。1950年代半ばには、原子爆弾とは比べものにならないくらい大きな破壊力を持つ、水素爆弾が開発されます。水素爆弾は重水素や三重水素の原子の核融合反応を利用する兵器で、原爆の約1000倍（メガトン）の破壊力を持つ爆弾です。原爆の1000倍の破壊力といっても見当もつきません。実験には1952年にアメリカが成功し、その後小型化させたものも出て、ソ連やイギリス、中国、フランスなどが実験を成功させました。

　こんな大量破壊兵器が開発される恐ろしい時代になったわけです。この

恐怖は核兵器の開発を促しますが、同時にいわゆる「核戦争」が起きたら全人類が破滅してしまうのではないか、という疑念をも生じさせることになったのです。つまり核戦争を起こしたら最後だ、起こしてはいけない、という考えが出て来る、核兵器があることによって、かえって戦争を起こしてはいけない、戦争を回避させるという考えが出て来たのです。これが「核の抑止」の考えです。よく間違える人がいますが、核兵器の使用そのものをおさえる、という意味ではありません。核兵器があることによって、かえって戦争にブレーキがかかるという状態のことをいうのです。

　ここで関連する言葉を説明します。限定戦争と全面戦争という言葉があります。限定戦争（limited war）とは目的・地域が限定されている戦争で、限定された対外政策の目的のために行われ、使用兵器や使用方法、地理的範囲に一定の制約がある戦争です。通常兵器の範囲内での局地戦争となります。これに対し、全面戦争（all-out war）とは、特定の目的のために戦うのではなく、相手の国を根本から変えようとするもので、地域や手段を限定せずに総力をあげて行われる戦争です。

　20世紀に体験した2つの世界大戦は、全面戦争となったといえましょう。そうすると、核兵器が使えるようになった時代には、全面戦争をすることは、人類の破滅につながり、不可能と思われます。しかしここで「限定核戦争」はあり得るか？という疑問が出て来ました。つまり、ある目的のために「限定的に」核兵器を使うことは、理論上はあり得るのではないか、というのです。この議論に多くの科学者が反論しました。その反論の一つが「核の冬」という問題です。科学者のシュミレーションによると、核兵器を1発でも使うと、それによるチリが大量に発生し、時間をかけてそれが地球を覆い、太陽光を遮り、気温が下がり地球の気候を変えてしまう。植物が育たなくなり、人類が生き残ることは容易ではなくなるというのです。これが「核の冬」現象です。ちょっとでも核兵器を使うことは、人類生存にとって非常に大きなリスクとなる、ということになり、「限定核戦争」もやはり難しくなります。

　広島、長崎には飛行機で原爆を運び、落としたのですが、戦後はより便利な兵器の開発が進みました。次にそのような兵器と軍縮交渉の名称をまとめます。

ICBM（大陸間弾道弾）:

　別の大陸に向けて打ち込む事ができるミサイルで、1957年にはソ連が開発し、米国も1970年に実戦配備したということです。現在は北朝鮮がこれを開発したとか、核兵器が付けられる小型のミサイルはまだ開発されていないとか、そんなことが報道されています。このようなものが開発・実戦配備されるようになり、冗談で「アメリカの大統領がホワイトハウスでつまづいて、うっかり核のボタンをさわってしまったら、世界は破滅する」などという物騒なことがささやかれるようになったのです。ちなみにアメリカの大統領は、海外に行くときにも常に核のボタンを持っていくそうです。

SLBM（潜水艦発射弾道弾）:

　潜水艦から発射するミサイルです。1960年には米国が開発しています。ポラリスとかポセイドンという名称を聞いたことがあるでしょうか。

ABM（弾道弾迎撃弾）:

　上記ミサイルを早期に発見して迎撃するミサイルです。もしも敵から核ミサイルをうたれた場合、ミサイルが自国の上で大気圏に突入した際に、それを打ち落とすミサイルを配備すると、安全だということです。これは1960年代末から70年代にかけて米ソで実用化されました。先制攻撃された場合、これで敵のミサイルを打ち落とし、ただちに報復攻撃をすれば、安全性が高く、戦局を有利に進めることができるのではないか、という議論がなされました。しかしこれに対して、安全性を高めようとして配備するABMがかえって核の均衡をやぶり、安全を損ねる、核の抑止を崩すという前代未聞の危険な時代が来る、ともされたのです。

　このABMは、ミサイルが大気圏内に突入してからそれを打ち落とすものですが、1980年代にアメリカのレーガン（Ronald W. Reagan）政権の時に、SDI（Strategic Defense Initiative、戦略防衛構想）というミサイル迎撃システムが提案されました。これはソ連の弾道ミサイルがアメリカや同盟国の領土に到達する前に地上基地あるいは宇宙に配備した小型の兵器システムで迎撃、破壊しようというものです。飛んでくるミサイルを宇宙空間でも迎撃するということになり「スターウォーズ」ともいわれました。しかし技術的にも非常に難しく、開発資金も膨大にかかり、冷戦の終了が認識されると1991年ブッシュ（George Herbert

Walker Bush）大統領の時に SDI の規模縮小と、むしろ第三世界からの
ミサイル攻撃からの防衛を想定した GPALS（限定的ミサイル防衛シス
テム）に主眼を移すとされました。そして 1993 年にはクリントン
（William Jefferson Clinton）政権の国防費大幅削減を受けて正式廃棄が
発表されました。

SALT（戦略兵器制限交渉）：

このままでは天井のない核軍備競争になってしまう恐れから、米ソ間
で 1969 年から始められました。1972 年 SALT Ⅰが調印されました。こ
こで ABM 制限条約と戦略攻撃兵器制限暫定協定が決められ、ミサイル
の発射台数などが決まりました。1979 年には SALT Ⅱ（戦略兵器制限
条約）が調印されましたが、未発効のまま START に切り替わりました。

START（戦略兵器削減交渉）：

米ソ間で 1982 年から行われた戦略兵器を削減して安全性の向上を目的
とした交渉です。1991 年には START Ⅰ（第一次戦略兵器削減条約）
が調印され 1994 年に発効します。発効後 7 年間で約 3 割の戦略兵器の
削減を定めたものです。1993 年さらに大幅な削減を定めた START Ⅱ（第
二次戦略兵器削減条約）が米ロ間で調印されますが、これは発効されま
せんでした。

　これらの後継の条約として新 START（戦略兵器削減交渉）が 2010
年に調印され、2011 年に発効されています。しかし核軍縮の動きが必
ずしもスムースに実現化しているわけではなく、最近でも 1987 年に発
効した INF 全廃条約（中距離核戦力全廃条約）をアメリカが 2019 年 2
月 1 日にロシアに破棄を通告しています。ロシア側もこれを受けて条約
義務履行の停止を宣言しました。

Ⅲ　冷戦の特徴

ここで再度冷戦の特徴をまとめます。

1）対立が世界的広がりを持ったこと

アメリカとソ連という2つの超大国に、軍事力を中心として政治・経済を含めた世界をほぼ二分する権力の集中が行われたことです。こうした対立は冷戦最も華やかなりし頃には若干の中立国を除いて、地球的規模にまで広がりました。

2）対立がイデオロギーによる面を強く持っていたこと

あらゆる紛争が自由主義対共産主義、資本主義対社会主義というイデオロギー的対立から解釈されました。そして米ソ二大国が中心となってそれぞれ信奉するイデオロギーの普遍性を主張したのです。それゆえ対立が全面的なものにならざるを得ず、硬直的な様相を示したのです。

3）対立する双方が核兵器を所有していたこと

これまで見てきたように、核兵器の登場により、それを使えば、相手のみならず味方も破滅する危険性がある、という状況を作り出しました。これでは武力に訴えて相手を徹底的に破壊することが事実上不可能となったといえましょう。冷戦期において、米ソの戦争は人類の滅亡を予想させました。換言すれば、戦争の目的と手段のバランスが核によって崩れた、といえましょう。核があることによって戦争を回避させるという「核の抑止」の論理がでてきたのです。

IV　概観

　今後講義する冷戦の流れを概観します。

1940 年代後半から 50 年代始めにかけて冷戦体制が形成され、

1950 年代は東西の対立が顕著になり、最も冷戦華やかなりし時代でした。

1960 年代には「平和共存」の動きが出て、

1970 年代から 80 年代にかけて、国際関係が大きく動き「二極から多極へ」
　の構造変化がありました。

1980 年代末には冷戦の一方の中核であったソ連が崩壊し、冷戦体制も崩
　壊します。

1990 年代からは冷戦後の新たな国際秩序の模索の時代に入りました。

第 4 講

＜設問＞

　次の用語の国際政治史上の意味を200字程度で説明しなさい。

① 　分断国家

② 　核の抑止

③ 　ICBM

④ 　SLBM

⑤ 　ABM

第5講

冷戦体制の形成

冷戦（Cold War）ということばの定義を学んだところで、冷戦の歴史を少し丁寧にたどってみましょう。

I　冷戦の起源と封じ込め

1）起源

「冷戦の起源」すなわちいつから冷戦であるかということに対しても、答えは単純ではありません。代表的な考え方をいくつか並べます。

①原爆が完成した時点とする説

②原爆が投下された時点とする説

③戦争終結時点とする説

④アメリカがソ連の脅威に対する具体的な対抗策を出した時点－すなわち1947年トルーマン・ドクトリン（後述）を出した時点とする説

等があります。この他にも原爆開発中から冷戦があった、などという説もあります。提唱される時代の空気によっても、いつを起源とするのかが変わります。一般に「対ソ脅威論」を強調する時期には、より遡った時代から冷戦があったのだとすることが多いようです。

このように諸説ありますが、冷戦（Cold War）ということばは第二次世界大戦終了後の1947年にアメリカのジャーナリストのウォルター・リップマン（Walter Lippmann）がニューヨークのヘラルド・トリビューン紙上にCold Warというタイトルの評論を発表したことで普及したとされて

います。これが「冷たい戦争」「冷戦」と訳されたのです。

　冷戦状態は第二次世界大戦直後より意識されていたようです。1946 年 3 月にイギリスの首相チャーチルが有名な「鉄のカーテン」演説をしています。「バルト海のステッティンからアドリア海のトリエステにいたるまで鉄のカーテンが大陸を横切って降ろされている。その線の背後には中央ヨーロッパおよび東ヨーロッパの古い国々のすべての首都がある。こうしたすべての有名な都市とその周辺の住民はソ連の勢力範囲内にある」としたのです。ここには戦争直後の連合国の間に漂う不信感がにじみ出ています。ソ連がヨーロッパに鉄のカーテンを降ろし、対話を拒んでいる、というのです。

　このようなことから考えて、冷戦状態は戦後少なくとも 2 ～ 3 年のうちに出現した、というのが一般的な見方です。

2）冷戦への過渡期

　第二次世界大戦は、日本、ドイツ、イタリアを中心とする枢軸国と英米仏蘭を中心とする連合国が争い、結果として連合国の側が勝利した戦争です。ヨーロッパではドイツがイギリス等の連合国と戦っていましたが、東アジアでは日本が蒋介石率いる中国と日中戦争を行い、アメリカと太平洋戦争を戦っていました。前期授業の第 14 講で指摘しましたが、ソ連は日本と中立条約を結んでいたにもかかわらず、原爆投下のニュースを聞いてすぐに日本に宣戦布告をして、満洲や北朝鮮方面に侵攻します。ソ連は大戦の終盤ですでに勝敗が見えていた時期にちゃっかり勝ち馬に乗ったのです。

　ところでこの戦争の勝敗はだいたい 1943 年頃には見えていた、といいます。おそらく連合国の方が勝つだろう、と思われたのです。こうした場合、戦勝国になると予想される国々は、戦後の世界でいかに自分たちが発言力を持つか、ということを考えつつ戦争を遂行するのです。ここでその戦時中の大国間の戦後構想に注目します。

　第二次世界大戦終結の主役になるであろうと思われたのは、アメリカ、イギリス、そしてソ連等です。中でもアメリカの存在は、ひときわ大きなものでした。このアメリカの大統領はフランクリン・ローズヴェルトでし

た。彼は戦後の国際秩序をどうしていくかという問題に対していわば理想
主義的な考えで、大国間の話し合いが続くという幻想を持っていたといい
ます。これに対しイギリスの首相チャーチルやソ連の指導者スターリンは
現実主義的で、勢力範囲の設定が必要と考えていたようです。チャーチル
はスターリンと話し合いをして東西の勢力圏を決めようとします。チャー
チルには軍事情勢にまかせておいてはいけない、という考えがあったよう
です。特に第一次世界大戦の引き金となったバルカン半島をめぐる情勢を
危惧していたようです。しかしローズヴェルト米大統領はパワーポリ
ティックス（権力政治）の発想自体を否定することを主張したということ
です。結局、戦後の国際秩序について具体的に明確に定めることができな
いまま終戦を迎えたのです。

　戦時中になされた連合国の側の重要な会議に 1945 年 2 月のヤルタ会談
があります。米英ソの首脳会談です。この時点でイタリアはとっくに無条
件降伏をしていて、ドイツの敗戦も時間の問題でした。日本と実際に戦っ
ていたのはアメリカですが、当時アメリカは日本の戦争維持能力を高くみ
ていたようです。なるべく早く戦争を終わらせたいと考えたアメリカはソ
連に早く対日戦争に加わって欲しいと考えます。この時ソ連はアメリカに
対日戦に参加することを約束したのですが、その際、参戦の見返りとして
樺太の南半分の返還や千島列島の引き渡しが約束されたとされ、結果とし
てソ連は参戦を高く売りつけた形になりました。ソ連は日ソ中立条約が
あったものの、1945 年に入ってからは対日参戦の機会をねらっていたと
考えられます。

　ドイツはヒットラーが 1945 年 4 月末に自殺し 5 月 8 日に無条件降伏を
しました。枢軸国で戦っているのは日本のみとなりました。1945 年 7 月
17 日から 8 月 2 日にかけて米・英・ソの首脳がポツダムで会談を行い、
第二次世界大戦の事後処理を話し合います。戦争を続ける日本に対し、7
月 26 日に無条件降伏を呼びかけるポツダム宣言が出されました。これよ
り 10 日ほど前にアメリカで原爆実験が成功し、その報がローズヴェルト
の次の大統領でポツダムに来ていたトルーマンに伝えられました。トルー
マンは原爆使用の政治的効果に関しては自信がなかったようで消極的な対
応であったとされますが、スターリンは明らかに態度を変化させ対日参戦
を急いだのです。原爆により日本が早期に降伏をすれば、約束したはずの

千島列島引き渡しなどの見返りがなくなるかもしれないからでしょう。

　1945年8月6日広島に原爆が投下され、8月8日ソ連は対日宣戦布告をし、満洲、北朝鮮方面に侵攻を開始しました。8月9日には長崎に原爆が落とされ、ようやく8月14日にポツダム宣言受け入れとなって、15日に日本敗戦が国民に知らされたのです。

　しかしソ連はなおも千島列島で戦闘を続けていきます。日本が米軍艦ミズーリ号で降伏文書に署名したのが9月2日です。そこでこの日をVJデー（Victory over Japan day）としている国（米、仏）もあり、中ロは9月3日を抗日戦勝記念日、第二次世界大戦終結日としています。ちなみに日本や韓国、そして英国は8月15日を記念日としています。いずれにしてもソ連が「火事場泥棒」的に参戦して勝ち馬に乗ったことは確かといえます。ソ連にヤルタで多くの利益を与えすぎたのでは、という非難が、後にアメリカで出るのです。さらにいえば、このソ連と日本の「終戦記念日」の認識のズレは、北方領土問題にも影響を与えています。日本側はすでに全面降伏受け入れを宣言し、戦闘行為をやめていた間に、ソ連が戦闘をしかけ、北方領土を不法占拠した、としますが、ソ連はまだ戦争が終わっていない時に戦闘行為をやって支配した土地（国後、択捉）だ、と主張しているのです。

3）封じ込め

　ソ連が次第に西側との亀裂を深めていった際に、アメリカは対ソ「封じ込め」政策を宣言するのです。ソ連を封じ込める、共産主義を封じ込めるという政策です。ここではこの封じ込め政策を三つの面から見ていきます。

（1）政治・外交の柱

　アメリカは1947年3月にトルーマン・ドクトリンを出します。これはギリシャ、トルコへの援助をそれまでのイギリスに代わってアメリカが行う、という内容なのですが、その中でアメリカが封じ込めの宣言をした、とされています。次のような部分があるのです。

　「世界の歴史は現在の瞬間において…二つの生活様式のいずれか一方を選ぶことを要求している…私は武装せる少数者や外部の圧力による征服の

意図に抵抗しつつある、自由なる諸国民を援助することこそ、合衆国の政
策でなければならぬと信じる。」

　ここでアメリカが自由主義の世界を守るためにギリシャ・トルコに援助
をする、としたのです。

（2）経済的柱

　アメリカは1947年6月にマーシャル・プラン（ヨーロッパ経済復興計画）
を発表します。これはアメリカが戦争で疲弊したヨーロッパへ経済援助を
行うというものでした。当初は封じ込めを意図したものではなかったので
すが、ソ連側がこの計画を封じ込めと受け取り、結局、西ヨーロッパの経
済復興計画となりました。1951年12月の計画終了時までに援助総額は
120億ドルに達したということです。アメリカが資金を出してソ連の脅威
に対抗するものになっていきます。西ヨーロッパ諸国は経済復興の機会を
得、西ヨーロッパ諸国間の経済協力が推進されたとされます。

（3）軍事的柱

　1949年4月4日に北大西洋条約がワシントン D.C. で結ばれます。アメ
リカ、カナダ、フランス、イギリス、デンマーク、ベルギー、イタリア、
ルクセンブルク、オランダ、デンマーク、ノルウェー、ポルトガル、の
12カ国が参加したソ連に対する集団安全保障条約です。これに基づいて
作られたのが北大西洋条約機構（NATO）で、いわばアメリカと西ヨーロッ
パの集団防衛機構です。これには各国外相と閣僚で構成される理事会、常
設理事会（大使級代表で構成）、軍事委員会（参謀総長で構成）があり、
軍事委員会の下にヨーロッパ連合軍（NATO軍）が置かれることになり
ました。

　できた当初は入れ物ができて中味はまだという状態で、軍事的充実を図
るための模索がなされました。しかしとにもかくにもこうしたものがまと
まったということは、西側諸国が戦争終結の後、ソ連に対していかに強い
危機感を抱いていたかがわかります。

Ⅱ　東側の動き

簡単に東側の動きも見てみます。

1) ソ連社会主義

　第二次世界大戦後のソ連は「限定的勢力拡張」を求めていました。ただその動きは膨張主義的にもみえました。一番求めていたのは「安全保障の確立」でしょう。西側諸国により自国の安全保障が脅かされるといったことは絶対したくないという意識が強烈にありました。

　いうまでもなくソ連は世界初の社会主義国家です。社会主義の教義では国家的目標は「世界革命」の実践であり、革命の「波及」であります。これは共産主義国家であれば当然の目標であり、理想でした。しかしソ連は西ヨーロッパにおけるボルシェビキ革命には失敗します。そこで東欧・中

ベルリンの壁

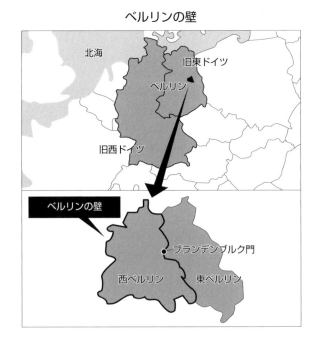

欧における衛星国家の成立やアジアにおいて勢力の浸透を図っていくので
す。これはアメリカや西ヨーロッパ諸国にとっては大いなる脅威となりま
した。

2）東西対立の進展

　1948 年 2 月にチェコスロバキアでクーデターが起きます。前年の選挙
で少数派であったチェコ労働党がクーデターを起こしたのです。チェコは
東欧の最西端に位置しており、このクーデターの背後にはソ連があると思
われました。これに西側諸国は衝撃を受けました。ソ連はどこまでも勢力
圏を拡張するのではないか、と脅威を感じたのです。

　1948 年 6 月から 1949 年 5 月にはベルリン封鎖が行われます。当時ドイ
ツは西ドイツ（資本主義）と東ドイツ（社会主義）に分かれていました。
面積は西ドイツの方が大きかったのですが、かつてのドイツの首都である
ベルリンは東ドイツの方にありました。首都であったベルリンはその重要
性から、米英仏ソの四カ国で統一管理の下におき、西ベルリンと東ベルリ
ンに分けて管理し、西側は鉄道で西ベルリンに物資を送るなどしていまし
た。ところが東ドイツにいたソ連軍が西ベルリンと西独の交通を遮断して
しまったのです。これでは西側が西ベルリンを維持できなくなってしまい
ます。国際関係は非常に緊張しました。あわや第三次世界大戦か、等とさ
さやかれるまで緊張しましたが、結局 1949 年 5 月に封鎖が解除されます。
西ベルリンと東ベルリンを分ける壁は冷戦の象徴となりました。

3）東側の動き

　ところで東側の体制はどのようなものだったのでしょうか？

　第一に、政治的には 1947 年 10 月にコミンフォルム（共産党および労働
者党情報局）が創設されます。これは国際共産主義運動の本部で、各国の
共産主義運動に指令を出す機関でした。1956 年に解散しています。

　第二に、経済的には 1949 年 1 月経済相互援助会議（CMEA 一般に
COMECON とされます）が発足します。これは共産圏の諸国からのみな
る経済協力機構です。マーシャル・プランに対抗してモスクワで結成され

第5講

ました。東側も経済基盤の強化に乗り出したのです。

　第三に、軍事的には 1955 年にワルシャワ条約機構（WTO）が作られます。NATO に対抗する東側の地域的安全保障体制の強化を図ったのです

　このような動きによって 1940 年代末から 1950 年代にかけて東西対立が激化の様相を示し、冷戦体制は決定的となります。

　一方アジアでは 1949 年 10 月 1 日に中華人民共和国が成立し、1950 年 2 月に中ソ友好同盟相互援助条約が結ばれました。世界で一番大きな国が社会主義国家となり、対立相手のソ連と提携するという状態は、西側陣営にとっては大きな脅威であったことでしょう。社会主義はどこまで力を伸ばすのか、といった疑念が地球上を覆いました。

　　　＜設問＞

１，次の用語の国際政治史上の意味を200字程度で説明しなさい。
　①トルーマン・ドクトリン
　②NATO

２，冷戦体制の形成過程をまとめなさい（800字以内）。

第6講

朝鮮半島分断

　すでに説明したように戦後の冷静体制下で「分断国家」（同じ民族でありながら体制の異なる複数の国家に分かれた国家）が出現しました。東西ドイツ、南北ベトナム、南北朝鮮、中国（中華人民共和国、中華民国）などがそれです。中でも厳しい対立状況が続いたのが朝鮮半島です。ご存じのように、現在の朝鮮半島は社会主義体制をとる朝鮮民主主義人民共和国（北朝鮮）と資本主義体制をとる大韓民国（韓国）とに分かれています。なぜこのような状態になってしまったのでしょうか？この講義ではその過程を学び、それが意味するものを考えてみましょう。

I　分断過程

1）戦後構想と朝鮮半島

（1）米ソと朝鮮半島

　朝鮮半島は 1910 年 8 月の韓国併合条約により日本の統治下に入り、戦争中は日本の植民地下にありました。1945 年 8 月の終戦を迎えてから、北緯 38 度線で二分されるようになったのです。誰しも二分されることを良しとしたわけではなかったのに、なぜ、こうした結果を招いたのでしょうか？ここで戦時中の連合国の戦後構想を見直してみたいと考えます。

　まず注目するのは 1943 年 11 月のカイロ宣言です。この時米（ローズヴェルト）・英（チャーチル）・中（蔣介石）三国首脳が集まって大戦後の処理に関連して、この宣言を出しました。ここで連合国の戦後構想が見られま

す。朝鮮半島に関しては次のような部分があります。

　「朝鮮人民の奴隷状態に留意し、しかるべき順序（in due course）を経て朝鮮を自由かつ独立のものにする決意をもつ」

　「朝鮮人民の奴隷状態」とは朝鮮が日本の植民地下にあるということを表現しています。ソ連のスターリンもこの宣言を認め、ここに「朝鮮の独立」という究極目標が四大国の統一目標として掲げられたことになりました。しかしこれには問題も見られます。「しかるべき順序」（in due course）とは、どういうことなのか？あいまいな表現で、具体的筋道が示されているわけではありません。特に問題だったのは大戦終結の主役であった米国にまとまった案がないまま終戦を迎えてしまったことです。

　当時は冷戦への過渡期にあり、米ソ大国間の話し合いが続くだろう、といった「幻想」があったのです。中でもローズヴェルト米大統領は理想主義的であったとされます。ローズヴェルトの構想では、植民地主義の解消はとにかく必要であるが、朝鮮の独立のためには長期にわたる準備・訓練期間が必要である、この間、戦後朝鮮を信託統治制度のもとに置く、と考えたようです。

　1945年2月ヤルタ会談が開催されます。米・英・ソの首脳会談です。ここでローズヴェルトとスターリンの間で個人的に「しかるべき順序」の内容として、朝鮮を米・英・中・ソの国際信託統治下に置く案について合意がなされました。しかしどのくらいの期間それが必要かという点は、合意されたわけではなく、ローズヴェルトは40〜50年必要であると考えていたのに対し、スターリンは短ければ短いほどよいと考え、この点は未調整でした。

　1945年8月14日、日本は無条件降伏を勧告したポツダム宣言を受諾し、翌日敗戦が国民に知らされました。これはアメリカの戦後アジア構想がまだほとんど固まらないうちに、意外に早く戦争が終わったということだったようです。とりあえず連合国軍最高司令官一般命令が出されました。朝鮮に関しては、北緯38度線以北ではソ連軍が、以南では米軍が、日本軍の武装解除を行う、とされたのです。ここに「38度線」が登場し、以降米ソ間の勢力獲得競争が始まるのです。

(2) ソ連の動き

　ところで終戦前後のソ連の動きですが、1945 年 8 月 6 日広島への原爆投下を見て、あわてて対日参戦したことは前述しました。8 月 8 日に対日宣戦布告を行い、翌日にはソ連軍が朝鮮・満洲方面に侵攻してきたのです。そして北朝鮮のソヴィエット化を着々と推進していきました。1946 年 2 月に北朝鮮臨時人民委員会（委員長：金日成〈キム・イルソン〉）を樹立します。

(3) 米国は…

　一方アメリカは遅れ気味でした。実際アメリカはこの問題を持て余し気味であり、最前線の指揮をとるホッジ（John Reed Hodge）将軍にとって分割占領体制は前途多難であったのです。しかしこのままでは朝鮮半島が 38 度線で分断されてしまうとして、その撤廃を力説し、現状維持よりは米ソ両軍が同時に撤廃して朝鮮を「朝鮮人民の手に」委ねよう、とするのです。しかしこれはなかなかうまくいかず、米軍政下で 1947 年 6 月に南朝鮮過渡政府が発足することになりました。ソ連の動きと比べて迅速さに欠くことは明らかで、しかもこの過渡政府も名目的なものであったとされます。

(4) 戦後処理の会議

　この間何回か戦後処理の会議がもたれ、朝鮮半島問題も話し合われました。その一つが 1945 年 12 月のモスクワ外相会議です。米・英・ソの外務大臣が集まって、「モスクワ協定」が成立しました。このモスクワ協定において朝鮮半島問題は次のようになっています。

　　(1) 独立国としての朝鮮を再建し、民主主義による発展への諸条件を設定するために臨時朝鮮政府を樹立する。

　　(2) 臨時朝鮮政府を援け、適当な措置の予備的立案を目的として、朝鮮にある米ソ両軍代表による共同委員会を設立する。

　　(3) 共同委員会は期間 5 年以内の 4 カ国による朝鮮信託統治案を準備し四国政府（米・英・ソ・中）に提出する。

　この協定にしたがって米ソ共同委員会が発足しました。委員会は 1946 年 3 月と 1947 年 5 月の少なくとも 2 回開かれましたが、臨時朝鮮政府に

対する米ソの見解が対立し、行き詰まってしまいます。困ったアメリカは
この問題を国連に提訴します。今度は国連を舞台に激しい応酬が繰り広げ
られるのですが、まとまらず、朝鮮半島問題は宙に浮いてしまいました。
このような激しい応酬と決裂は、朝鮮半島問題の難しさを顕著にし、南北
分裂状態の膠着化を促す結果となりました。

2）冷戦の進展

この間国際情勢は容赦なく進み、冷戦構造が明らかになっていきます。
前述のように 1947 年 3 月トルーマン・ドクトリンが発表され、アメリカ
の対ソ「封じ込め」政策が明らかになりました。続いて 6 月にはマーシャ
ル・プランが公表されます。1949 年 4 月には NATO が成立しました。

Ⅱ 朝鮮戦争

1）勃発

分断状況に改善がみられないまま、1948 年 8 月 15 日に大韓民国が独立
を宣言しました。大統領は親米派として知られる李承晩（イ・スンマン）
です。続いて 9 月 8 日に朝鮮民主主義人民共和国が樹立宣言したのです。
この時期は世界的に共産主義運動が非常に活発化した時期で、アジアも
例外ではありませんでした。1949 年 10 月 1 日中華人民共和国が誕生する
等、相次ぐ共産主義国家の誕生に社会主義陣営の側の期待が大きくなって
いきます。そんな中で 1950 年 6 月 25 日北から南への「民族解放」のため
の戦争（北朝鮮の主張）が開始されたのです。
開始から 38 度線を越えた北朝鮮軍が急速に南下してあっという間に釜
山まで到達してしまいます。

2）米国の対応

この状況にアメリカはどのように対応したのでしょうか。朝鮮戦争前に

資料Ⅱ-6-1　朝鮮戦争

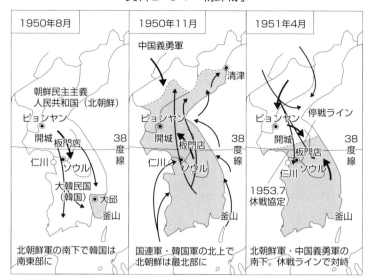

1950年8月	1950年11月	1951年4月

（出典）『日本史のアーカイブ』、東京法令出版, 2019 年、をもとに作成。

　はアメリカは韓国に全面的に介入することは考えていなかったようです。
1948 年 12 月にソ連が北朝鮮からの撤兵を発表し、翌 49 年 6 月にアメリ
カも韓国から撤兵します。1950 年 1 月アメリカは西太平洋防衛ラインを
発表しますが、これではアリューシャンから日本列島・沖縄を通りフィリ
ピンまでのラインが防衛ラインであるとなっており、台湾や韓国はこれに
含まれませんでした。この時代のアメリカの文書を読んでも、「日本は重
要だが、韓国は」といった調子でした。

　しかし、朝鮮戦争の勃発に際し、アメリカは対韓消極路線を変更します。
大統領のトルーマンはヨーロッパの情勢 – とりわけ東西ドイツの分裂状況
に鑑みて同じような妥協を繰り返してはならない、との決意があったよう
です。アメリカは勃発 2 日後の 6 月 27 日に空海軍を、6 月 30 日には地上
軍の投入を決定しました。

　ところでアメリカはこの戦闘を「国連軍」という形で戦いたかったよう
で、国連軍の旗のもとに 16 カ国の軍がこれに参戦することになりました。
当時ソ連が国連の安保理会をボイコットしており、ソ連の拒否権にあわ
なかったのです。これは「国連軍」が実際に出動して戦った数少ない事例

となっています。

　この参戦により当初は圧倒的に北朝鮮に有利だった戦局は押し戻され、勃発3カ月の9月26日にはソウル奪回、38度線以南を回復したのです。

3）中国参戦

　38度線以南を回復し、アメリカは当初の参戦の目的を達したのですから、ここで戦闘をやめるべきだったのかもしれません。しかしアメリカ率いる国連軍は38度線以北に進軍していきます。北上し鴨緑江＝中国との国境にまで迫っていったのです。この状況に黙っていられなくなったのが、建国まもない中国です。常識的に考えて1949年10月に建国した国家が、1950年後半に戦争に参加するなどということは、異例です。通常、建国まもない国は国内体制の整備で手一杯になるからです。しかし自国の国境線に迫る米国軍に中国は「抗米援朝」（アメリカに抵抗し朝鮮を援ける）というスローガンを掲げ、朝鮮戦争に介入していくのです。中国の介入で戦局は再度押し戻され、勃発1年後には戦局が膠着状態になりました。結局、板門店で休戦交渉に入り、1953年7月27日に休戦協定が結ばれることになりました。結果的に、38度線で分断される状況は変わることなく、この朝鮮戦争は戦争の傷跡のみが残る「勝利無き戦い」「勝利なき休戦」となったのです。

4）朝鮮戦争の意義

　朝鮮戦争の残したもの‐その意義は何だったのでしょうか。

（1）国際政治：

　国際政治の上からみると、冷戦の世界化・軍事化を促しました。換言すればそれまでヨーロッパ中心であった「冷戦」がアジアへ拡大したのです。通常兵器の範囲内ではありますが軍事力が行使され、ユーラシア大陸の周りに軍事網がはりめぐらされる契機となりました。アメリカという国は、伝統的には孤立主義を掲げており、アジアに関しては原則不介入の姿勢をとろうとしていたようですが、朝鮮戦争で一変します。朝鮮戦争はアメリ

カのアジアへの軍事的介入を促し、その政策は1969年に発表されるグァム・ドクトリンまで基本的には続きました。

(2) 東アジア：

　東アジアレベルでみると、これは米中対決の開始でありました。第二次世界大戦では蔣介石の中国が連合国側につき、アメリカと中国はこの時点では味方同士だったのです。戦後1949年に社会主義国家である中華人民共和国ができてアメリカと中国との関係が変化していましたが、朝鮮戦争ではっきりアメリカと中国が戦い対決するということになりました。アメリカは台湾問題やベトナム問題もこの朝鮮問題のアナロジーでみることになります。後のベトナム戦争への介入や台湾問題への対応の根底に流れる考えがここで形成されたともいえます。

(3) 日本：

　日本レベルでは、どうだったでしょうか。隣の国で戦争が行われたことは日本にとっても大変な衝撃でした。終戦直後には戦争の反省から「非武装中立」の国家として生きていくという議論もありましたが、朝鮮戦争によってそのようなことは現実には実現不可能ということが明らかになりました。ある程度の軍事化や再軍備の必要性が認識され、それは日米安全保障条約という形で実現していきます。

　また、経済的には戦争景気による「朝鮮特需」となり、戦後の赤字を補って、日本の経済復興の出発点となりました。

(4) 朝鮮：

　朝鮮レベルではどうでしょうか。戦争でも分断状況は解決されず、むしろ南北分断が固定化されることになりました。しかもお互いに武器をもって戦ったという事実は非常に大きなことで、南北朝鮮国民の間に深い相互不信を植え付けることになりました。

　韓国の方にきくと、自身の家族や親戚が北朝鮮にいる、という方が普通にいます。家族や親族がいる国家にむかって「敵」として批判するのはいかなる気持ちなのだろう、と思います。以前は韓国の普通の街中で「滅共」（共産主義を撲滅せよ）という看板をちょくちょく見かけました。東西ド

イツは1990年に統一されましたが、彼らは戦争をしていません。南北朝鮮はここで武器を持って戦ってしまったという事実があります。これは統一問題に深い影を落とすものとなっているのです。

ところで、皆さん方に是非注意していただきたいのは、38度線は「休戦ライン」である、ということです。厳密にいうと「国境」ではありません。戦争は条約上は、交戦国との間に、平和条約や講和条約を結んで初めて終わらせることができるのです。朝鮮半島は未だ「休戦協定」が結ばれているだけですから、乱暴な言い方をすれば、条約上は未だに「戦争状態」であるともいえるのです。最近の文在寅政権は北朝鮮寄りの姿勢をとり、この状態をなんとかしようと考えていたのかもしれませんが、なかなか難しい問題であったようです。北朝鮮という不思議な国家を相手にすることは、一筋縄ではいきません。

＜設問＞

１，次の用語の国際政治史上の意味を200字程度で説明しなさい。
　①モスクワ協定
　②38度線

２，朝鮮半島の分断過程をまとめなさい（800字以内）。

第7講

冷戦の変質

　1960年代には国際社会に新たな傾向がみられるようになります。それは、①平和共存（デタント）、②西側内の米国の経済的地位低下、③南北問題の登場、等です。本講ではこのうち平和共存と西側における米国の経済的地位の低下について説明いたします。

I　平和共存

1）背景

　1940年代末から50年代にかけては冷戦最も華やかなりし時代とされています。1950年代後半から1960年代には明らかにそれまでとは異なった動きが出ます。転機となる動きは50年代前半にありました。

　1953年3月にソ連の指導者スターリンが亡くなります。同じ53年7月には朝鮮戦争が休戦となりました。このような出来事は世界的な情勢変化を促しました。ソ連は1950年代半ばよりゆるやかに平和共存路線をとり始めたのです。それまでの厳しい対立の冷戦構造から「雪解け」の傾向がみられるようになります。特に1956年2月ソ連共産党第20回党大会においてスターリンの後を継いだフルシチョフ（Nikita Sergeevich Khrushchev）書記長がフルシチョフ報告を行い、そこで資本主義体制と社会主義体制の平和共存は可能であるとし、スターリン時代の個人崇拝を批判する「スターリン批判」を行ったのです。

　こうした動きは世界に衝撃を与えました。中国は「スターリン批判」を

批判し、中ソの路線の違いは 1960 年に明らかとなる中ソ対立につながっていきます。

2) キューバ危機

ところで世界を震撼させ、冷戦の変質を促した出来事の一つにキューバ危機があります。1960 年代に第三次世界大戦－核戦争の淵まで世界を追いやった、とされている出来事です。

(1) キューバと米国との関係：

キューバ危機を説明する前に、キューバとアメリカの関係を見ておきましょう。キューバがどこにあるか知っていますか？地図で確認して欲しいですが、北アメリカと南アメリカの間に位置し、フロリダ半島の並びでメキシコ湾の入り口に浮かぶ島国です。要するにアメリカに極めて近く、特に東海岸のワシントン D.C. やらニューヨーク等の主要都市と近いということに注目してください。この位置関係にあることからアメリカにとってキューバは配下においておきたい国家だったのは間違いありません。ところがそのキューバで 1959 年にキューバ革命が起きてしまいます。指導者のカストロ（Fidel Castro）が政権をとり、革命家のチェ・ゲバラ（Ernesto Che Guevara）が活躍しました。キューバはほどなく社会主義を標榜し、米国の支配を一掃させようとしたのです。

1960 年 5 月キューバはソ連と国交し、61 年 1 月にはアメリカとの国交を断絶します。そして 1961 年 5 月に社会主義国を宣言したのです。

(2) キューバ危機：

アメリカのおひざ元ともいえる場所でこのような動きがあり、アメリカとしては頭を抱える困った事態となりました。そこで起きたのがキューバ危機です。1962 年 10 月ソ連がキューバにこっそりミサイルを持ち込んだのです。キューバではミサイルの発射台が建設中でした。「こっそり」と書きましたが、ミサイル弾は意外に大きなものです。大きなトラックに積むと、斜めになってまっすぐには入りません。夜半、積み込んでそれにバナナのようなヤシのような葉っぱをかぶせて隠して運んでいる映像が、後

に公開されています。

　米国のこの時の大統領は、民主党のジョン・F・ケネディー（John F. Kennedy）大統領でした。アメリカ史上最も若く大統領になって、さっそうとした姿と演説のうまさから、とても人気があった人です。のちにダラスで暗殺されてしまい世界中に衝撃を与えました。ケネディーは国民に人気はありましたが、国内基盤の強い大統領とはいえません。アメリカは常にキューバの動向を気にしており、偵察機も飛ばしていますし、スパイもいたでしょう。キューバにミサイルが持ち込まれたという情報はすぐに米政府に届きました。

　ケネディーは核戦争などもちろんしたくないですが、強硬派からキューバに対して強く出るべしとの圧力がかかります。当時のソ連トップはフルシチョフ書記長です。この時代ソ連のミサイル力は高く見られていました。1950 年代頃は「ミサイルギャップ」と称され、ソ連の方が米国よりも核の面で上回る、といった見方が優勢でした。実際には核兵器の力は、命中率等も考慮に入れねばならず、必ずしもそうではなかったとされます。

　ケネディーはこの事態に、大きな脅威であるとしてキューバを隔離すると宣言しました。キューバを海上封鎖したのです。同時にフルシチョフに対し、国連の監視下で攻撃兵器を撤去することを要求しました。国連の呼びかけにソ連はアメリカがキューバに侵攻しないことを誓約すれば、ミサイルを撤去すると伝えたのです。アメリカはこれを受諾し、キューバを侵略しないと表明します。フルシチョフは米国のトルコからの撤退を条件に出します。アメリカはキューバからミサイルが撤去されたらこれを行うことを示唆し、ついにフルシチョフは妥協し、キューバより引くと声明したのです。このように書くと、いかにも危機感が薄いのですが、この間に米国の偵察機をキューバが打ち落とす事態が発生し、核戦争が始まるかもしれない危機を感じたフルシチョフは回答をラジオ（モスクワ放送）で流しました。これが 1 日でもずれていたら、世界はどうなっていたでしょうか。

　このような緊迫した情況でありましたが、とにもかくにも核戦争は寸前で回避されました。とはいえ、核戦争の瀬戸際まで追い込まれた事態に、核戦争回避の世界世論が高まり、米ソ共存の模索が始まるのです。

第 7 講

3)「共存」の動き

　キューバ危機により核戦争の恐れが現実化するという緊張状況に追い込まれた世界には新たな動きが出て来ました。1963 年 6 月ホットライン協定が結ばれました。これにより米ソの首脳が緊急時に直接通信できるようになりました。その後仏ソ間（66 年 11 月）、英ソ間（67 年 8 月）にも政府間直通通信線が設けられました。

　また、1963 年 8 月には、部分的核実験禁止条約（Partial Test Ban Treaty、略称：PTBT）が調印されます。これにより大気圏内、宇宙空間、水中における核実験が禁止となります。ただし地下実験は除かれたため、これ以降核実験は地下実験で行われるようになったのです。

　こうした新たなデタント（緊張緩和）の動きが出て来ましたが、ベトナム戦争などもあり、デタントは足踏み状態になります。1950 年代後半より ICBM の開発が成功し、射程の長いミサイル配備競争が止まることはありませんでした。戦略兵器制限交渉等の軍縮の動きは 1970 年頃まで待たねばなりません。

　1968 年 7 月 1 日核兵器の不拡散に関する条約（核兵器不拡散条約、Treaty on the Non-Proliferation of Nuclear Weapons、略称：NPT）が調印されます。これは非核兵器国の核兵器保有を禁ずるもので、加入すると核兵器の使い方にもある程度の制約がかかります。この条約にはインド、パキスタン、イスラエルなどが非加入です。インドとパキスタンはカシミール問題等をめぐり深刻な対立関係にあり、双方が核兵器を開発してこの条約に入っていないという危険な状態です。イスラエルは中東においてアラブ諸国との間で対立関係にあり、こちらも非常に危険な状態です。北朝鮮は入っていたのですが、1990 年代に核兵器開発の疑いをかけられ、査察を実施するといった動きの中で、結局脱退し、現在に至っています。時々、ミサイル実験（核弾頭搭載なし）を行い、日本等周辺諸国に脅威を与えている状態です。現状では北朝鮮の技術力がかなり上がって来ているという話で、このような実態から日本の安全保障を考えねばならず、敵基地攻撃能力を持つべきか等という議論が急に政治家の中から出て来たりしているのです。

　時代はとびますがここでもう一つ説明を加えます。1996 年 9 月 24 日包

括的核実験禁止条約（Comprehensive Nuclear Test Ban Treaty、略称：CTBT）が調印されました。これは NPT では禁止されなかった地下実験まで含めて核実験を禁止する条約です。ただし調印はされたものの、いまだに発効されていません。頑強に条約に反対している国があるのです。その代表的な国はインドです。インドの主張を簡単にいうと、すでに多くの核実験を行ってきた国とそうでない国との間では情報量に膨大な差があり、不公平だということのようです。コンピューターが発達した現代では、臨界前核実験という臨界状態に至らない前の状態まで実験してデータをとり、これを使って以前の情報を参照することで実際の核実験のシュミレーションができるのだそうです。ちなみに日本はもちろん CTBT に調印しています。

II　西側内の米国の経済的優越性低下

　1960 年代に出たもう一つの新しい動きは西側諸国の中での米国の経済的優越性が低下したことです。

　アメリカは二つの世界大戦で勝ち組に入り、国土も荒らされず、これにより世界一の経済力を有する国家に躍り出ました。戦後その圧倒的優越性で「ブレトン・ウッズ体制」を主導してきたのです。そのアメリカの西側内での圧倒的優位性が相対的に低下してきたということです。ブレトン・ウッズ体制は金ドル本位制と固定相場制を柱とする国際通貨制度ですが、世界的な経済問題を IMF や世界銀行などの国際機関を通じて多角的に解決し、また米ドルを基軸通貨とする金本位制をとることで国際通貨体制の安定化を図っていました。このブレトン・ウッズ体制の恩恵を最も受けた国が日本だ、と言われます。日本は当時 1 ドルが 360 円という円安状態で貿易を伸ばしました。もちろん日本の技術力の高さや製品の品質の良さがあったのですが、円安状態でこれを安く国際市場に出すことができました。そしてこれが日本が経済大国になっていく大きな要因となったのです。

1）為替自由化

ところが米国の貿易黒字額が 1958 年以降縮小していきます。こうした貿易収支・総合収支の悪化にベトナム戦争介入の負担が加わり、ドルが圧倒的に強かった時代が終わりを告げたのです。結局、1971 年 8 月に米ドルと金の交換停止となり、世界は固定相場制から変動相場制へ移行しました。次に世界における米国の経済的地位を示す表を掲げました。

表Ⅱ-7-1　世界における米国の経済的地位

		米国	米国以外の最大国
GNP（対世界％）	1950	36	5（英）
	1978	22	10（日）
金外貨準備（億ドル）	1952	247	20（英）
	1979	202	536（西独）
輸出額（億ドル）	1965	275	179（西独）
	1978	1411	1420（西独）
自動車（万台）	1974	1007	660（日）
	1980	約 1000	約 1000（日）

ここで明らかなように、終戦直後には圧倒的な優位にあった米国も 1970 年代には西ドイツ等に一位を譲るものがあり、日本も米国との差をつめています。

2）西ヨーロッパの統合

もう一つ注目しなければならないことは、ヨーロッパが市場統合の動きをみせたことです。ヨーロッパは世界に先駆けてイギリスで産業革命が起きるなど 18 世紀から 19 世紀にかけて近代化を牽引する存在でした。この意味で間違いなく世界の政治や経済、文化の中心であり、存在感は際だっていました。ところが二つの世界大戦を経て、世界第一位の国力の地位はイギリスからアメリカに移り、一国単位では経済ではアジアの日本にも追い抜かれる始末です。そこで市場の統合をして、一国ではかなわないもの

も多数が一体となることによって、これらに対抗しようというのです。

　最初の統合の動きは 1951 年のヨーロッパ石炭鉄鋼共同体（ECSC）の成立でした。続いて 1958 年にはヨーロッパ経済共同体（EEC）ができ、またヨーロッパ原子力共同体（EURATOM、ユーラトム）が設立されたのです。これらをさらにあわせて、1967 年 7 月にはヨーロッパ共同体（European Community、EC）が発足しました。EC は EEC を基礎として他の二つもあわせてできた地域経済統合体で、域内の関税を無くし、人や物の移動を活発化させ、経済的な発展を促そうとするものでした。原加盟国はフランス、西ドイツ、イタリア、ベルギー、オランダ、ルクセンブルク、の 6 カ国で 1973 年 1 月よりイギリス、アイルランド、デンマークが、81 年にはギリシャ、86 年にはポルトガル、スペインが加盟しています。冷戦崩壊後は東欧諸国の加盟が相継ぎましたが、それに関しては別の講義で説明予定ですので、ここでは触れません。

　ヨーロッパ統合の考え方自体は古くからありました。EC につながる考えとしてはクーデンホーフ・カレルギー伯が 1920 年代に呼びかけた「汎ヨーロッパ」の提案が有名です。戦後この運動が再開され、EEC の成立等となって実現化するのです。

　これらがまとまった背景には「ヨーロッパの復権」という意識がありました。戦後米ソの後塵を拝したヨーロッパが統一して大きな市場を作り、米ソに次ぐ第三の勢力へ名乗りをあげるのです。その意味で、これらの統合は経済のみならず、政治的にも大きな意味をもつものであったといえましょう。

　次の表を見れば、1958 年には世界の 5 分の 1 であった貿易規模が 70 年には 3 分の 1 となり、EC 域内輸出が飛躍的に伸びており、統合の成果は大きなものがあったことがわかります。

第 7 講

表Ⅱ-7-2　EC の貿易規模

	貿易規模	域内輸出	1 人あたり GNP
1958	1／5	76 億ドル	1000 ドル未満
1970	1／3	433 億ドル	2200 ドル

＜設問＞

１，次の用語の国際政治史上の意味を200字程度で説明しなさい。
　　① NPT
　　② EC

２，平和共存の動きを、要因と成果に分けてまとめなさい（800字以
　　内）。

第8講

南北問題

I　南北問題の登場

　1960年代に見られた冷戦の新しい傾向のうち、平和共存の動きと西側諸国内でのアメリカの経済的地位の相対的低下に関して前講で講義しました。本講では残された問題である南北問題について説明します。冷戦は1960年代に入って平和共存など東西緊張緩和がみられる一方で、南北問題が深刻化していきました。

1）南北問題とは

　まずここで南北問題とは何かを考えます。地球上には豊かな地域と貧しい地域がありますが、豊かな先進国と貧しい発展途上国の間の経済格差とそれに伴う諸問題を南北問題といいます。発展途上国は南半球に位置する国が多いため、「南」と称され、「第三世界」とか、アジア、アフリカ、ラテンアメリカに多かったため「A.A.LA.」といったりします。南の国の多くは第二次世界大戦後に植民地状態から脱した新興国でした。北の先進工業国と対比させ「南」といったのです。これらの南の国の多くは赤道を中心として北緯30度と南緯30度の間に位置しています。

　ところで「発展途上国」という言い方も、この名称に落ち着くまでに、議論がありました。かつては後進国（backward countries）とか、低開発国（under-developed countries）等といわれたのですが、南の発言力が大きくなっていくのにつれて、そんな名称ではよくないという見解が多数を

占めて、開発途上国とか発展途上国（developing country）といわれるようになったのです。名称にも気を遣ってしまいますが、実際、南の諸国は北の先進国に比べ極めて貧しく政治的に不安定な国が多いことは事実でした。

　冷戦の歴史の中で、南北問題の位置づけは最初は「脇役」だったといえます。すなわち1940年代から50年代にかけては、途上地域は東西対立の予備的戦場のようなところでした。米ソがそれぞれ自陣営に引き込もうと、援助合戦をくり広げたのです。それが1960年代になって途上国の主体的地位の向上がみられると、南の国々も国際政治上の行動主体として発言力を増し、南北格差の是正や経済的自立に関する北への要求をしていくようになったのです。

2）資源ナショナリズム

　そんな中で代表的な主張が「資源ナショナリズム」です。1960年に石油輸出国機構（OPEC、オペック）が結成され、世界の産油国が入る国際機構が成立しました。1973年秋には第4次中東戦争の勃発から、石油価格が高騰し、石油ショックが世界を覆いました。これを契機に資源主権確立の試みがなされ、「資源ナショナリズム」の動きとして注目されたのです。

　さらに1961年第16回国連総会ではアメリカのケネディー大統領が、1960年代を「国連開発の10年」として発展途上国の成長率を年5％に引きあげることを提唱しました。この提案は国連総会で採択され、1962年第17回国連総会においてその実行を協議する場として国連貿易開発会議（UNCTAD、アンクタッド）の開催が承認され、その第一回総会が1964年に開催されました。国連貿易開発会議（UNCTAD）は南の「圧力団体」として南北問題解決に主導的役割を果たすようになっていきます。

II　南北格差

　これまで見たように南北経済格差の是正を迫る発展途上国の要求は著しく強化され、そのための国際協力の推進は今日の世界経済の課題として広

く認識されています。にもかかわらず、南北の経済格差は簡単には縮まらない－否、むしろ拡大傾向にあると思われる状態です。

　次のいくつかの表を見てください。下の表で、1976 年では、途上国の人口は世界の 53％を占めるにもかかわらず、GNP＊（国民総生産＝一国で一定期間生産された財・サービスの総額、最近は国内総生産 <GDP ＝ GNP から海外での純所得を差し引いたもの > を用いる場合が多い）は世界の 18％にしかならず、一人一人が貧しいことが示されています。また逆に先進国は豊かであることがわかります。途上国の GNP 伸び率は一見大きく見えますが、人口も増えているため、一人あたりの伸び率はそれほど大きくはありません。さらに 1 年の一人あたり GNP －つまり GNP を人口で割った数値は、西側先進国と比べて違いが顕著で、1966 年も 77 年も 10 倍以上の差がついています。1 年で一人 184 ドルで暮らせといったら、どうやって生きていけばいいのでしょうか？もちろん当時のレートや物価は現代とはかなり異なりますが…1977 年の 550 ドルにしても年間の所得と考えると厳しいといえます。（＊現在は GNI〈国民総所得〉）

第 8 講

表Ⅱ-8-1　南北経済格差

1976 年	途上国	先進国	共産圏
人口	53.5％	15.4％	31.1％
GNP	18.0％	61.2％	20.8％

表Ⅱ-8-2　途上国の GNP 伸び率

	途上国の GNP 伸び率	一人あたり GNP 伸び率
50 年代年平均	4.8％	2.5％
60 年代年平均	5.7％	3.2％

表Ⅱ-8-3　一人あたり GNP（GNP／人口）

	途上国	西側先進国
1966 年	184 ドル	2310 ドル
1977 年	550 ドル	6200 ドル

　かくして西側先進国では、栄養の摂り過ぎ、肥満が問題になり、途上国では「飢え」や「飢餓」が問題になる、というアンバランスが生じているのです。

Ⅲ　南北問題の構造変化

　南北問題は 1970 年代には、南対北という単純な構造のみではなく、さらなる変化が見られるようになりました。それをいくつかの項目にまとめてみます。

1）石油戦略から「新国際経済秩序」へ

　南が国際政治経済の舞台で発言力を増大させた契機のひとつに、1973年秋の第四次中東戦争の時に発した「石油戦略」があります。まずこれについて見てみましょう。

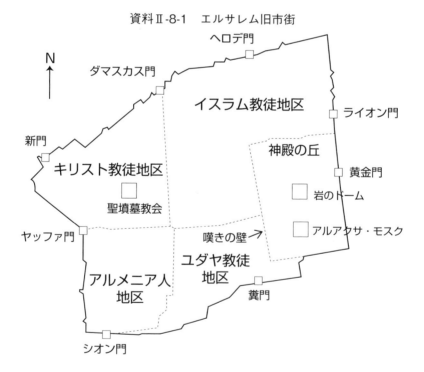

資料Ⅱ-8-1　エルサレム旧市街

（1）中東情勢

　日本人にとって中東情勢を理解することは容易ではありません。まず中東情勢を理解する上で基本となるイスラエルとアラブ諸国家の対立について、簡単に整理します。中東の対立は国家としては、イスラエル対アラブ諸国になります。民族的にはイスラエルはユダヤ民族の国で、アラブはアラブ民族の諸国です。宗教はイスラエルはユダヤ教でアラブ諸国はイスラム教です。

表Ⅱ-8-4 イスラエルとアラブ諸国

国家	イスラエル	V.S.	アラブ諸国家
民族	ユダヤ		アラブ
宗教	ユダヤ教		イスラム教

　これだけで中東問題は民族と宗教が絡む難しい面があることがわかります。それを特に難しくしているのがエルサレムの存在です。エルサレムというところは三つの宗教（ユダヤ教、イスラム教、キリスト教）の聖地なのです。エルサレムに行った人によれば、ユダヤ教にとって聖なる場所である「嘆きの壁」にごく近い場所にイスラム教創始者のムハンマド昇天の旅の起点とされる岩があったりするそうです。どの宗教にとっても特別に大切な地なので、その宗教を信ずる人にとっては手放すことは絶対不可能となってしまうのでしょう。

　ところでイスラエルという国の建国事情をご存じでしょうか？イスラエルは戦後1948年に建国された国家です。世界史をひもとくとユダヤ民族は紀元前にこのパレスチナの地に王国を形成していたのですが、ローマ帝国の支配下に入り、結局ローマに滅ぼされてしいました。ユダヤ人は世界各地に離散することになります。以来彼等は国土を持たない民族として生きてきたのです。

　しかし19世紀末からパレスチナ回復を目指すシオニズム運動が盛んとなります。その上第二次世界大戦中にはドイツのヒットラーによる民族浄化策の犠牲としてユダヤ人迫害が行われ、ユダヤの人たちは行き場を失ってしまいます。そんな状態で国土を求め、シオンの丘へ回帰しようと、戦後になって、生き残った人たちがまとまってパレスチナに帰って建国した

のがイスラエルという国家です。ただユダヤ人にとって国家建設はめでたいことでしょうが、それまでそこで暮らしていたアラブ人にとっては、宗教も民族も異なる人たちに住まう地域を奪われた、ということになります。そこで大量の中東難民が発生したのです。住まいを奪われたアラブ系の人たちは、何としてでもこの地を取り返したい、と考えたことでしょう。これが原因で何度も戦争が起きているのです。

(2) 中東戦争勃発と石油戦略

　1973年秋の第四次中東戦争勃発の際に、OPEC（石油輸出国機構）の中のペルシャ湾岸6カ国が平均70％の原油価格の値上げを発表しました。さらにOAPEC（オアペック、アラブ石油輸出国機構）が「石油戦略」を発動したのです。これはイスラエルを支持する国には石油を輸出しないというもので、イスラエルよりの政策をとるアメリカをねらいうちした政策だと思われます。アメリカという国はユダヤ系の人たちが社会のトップで活躍している国です。有名なところでは、ニクソン（Richard Milhous Nixon）米大統領の補佐官をやったキッシンジャー（Henry Alfred Kissinger）や映画監督のスピルバーグがいます。そのためアメリカは、中東戦争では常にイスラエル支持にまわるのです。しかしこの時のOAPECによる突然の石油戦略の発表は世界経済を直撃しました。この「石油ショック」により石油価格は1年前の4倍に跳ね上がりました。

　それまでの石油生産・売買はメジャーズと呼ばれる8社の国際的大手石油会社が牛耳っていました。モービルとかシェル、エクソンといった会社名のガソリンスタンドを思い出してください。この石油ショックを契機として中東の産油国がオイルパワーとして発言力を強めるようになるのです。これが前述の資源ナショナリズムの典型的な例です。このような流れで1974年国連資源特別総会において「新国際経済秩序樹立宣言」がなされました。

　ところでアラブが標的にしたアメリカはこの石油戦略でどうなったでしょうか。実はアメリカという国は自国で石油生産が可能なのです。親子で大統領を出したブッシュ家は石油長者の家系だったとか。ですから自国を掘ればいいらしい。一方日本は厳しい対応を迫られました。日本では石油はとれません。いつもはアメリカ追随の外交政策をとる日本でしたが、

この時ばかりはそうはいきませんでした。石油は何とか備蓄で乗り切った
のですが、これに懲りた日本はその後石油輸入先を多角化することにしま
した。この時なぜか紙がなくなるという噂が出て、スーパーではトイレッ
トペーパーを買おうとする主婦が長い行列を作ったり、雑誌が紙の節約の
ため薄くなったり、通常ではない現象があちこちで起きました。

　ところで石油戦略の標的であったはずのアメリカはあまりダメージを受
けなかったのですが、最も被害を受けたのが南の非産油国であったのです。
これをきっかけとして産油国と非産油国との格差がますます開くことにな
り、「南南問題」ともいわれるようになりました。

2) 中進国の台頭

　途上国とはいえないほどに経済発展を遂げていった国家も出て来まし
た。現在では新興工業経済地域（NIES：Newly Industrializing Economies、
ニーズ）といわれる国々です。かつては新興工業国（NICS:Newly
Industrializing Countries、ニックス）と称していましたが、香港や台湾
など「国家」と称していいのかが問題視された地域も含まれていたため、
「経済地域」としたのです。1970 年代以降工業化の進展が著しい諸国家を
指しますが、特にアジア・ニーズといえば韓国・台湾・香港・シンガポー
ルの四つを指します。いずれも輸出指向の工業化を基盤とする経済成長を
成し遂げた国々です。

　それから ASEAN（東南アジア諸国連合、アセアン）の国々も成長著し
い。ASEAN は 1967 年にインドネシア、シンガポール、フィリピン、マレー
シア、タイの 5 カ国で結成され、1984 年にブルネイが、1995 年にベトナ
ムが、1997 年にラオス、ミャンマーが、1999 年にカンボジアが加わり、
ASEAN10 と称されています。

3) LLDC/LDC（least-less developed country 後発発展途上国）

　発展が著しい国家がある一方で、途上国の中でも取り残された極めて貧
しい国家もあります。途上国中最も開発の遅れた諸国を特に LLDC（least-
less developed country）もしくは LDC（least developed country：後発

発展途上国）と呼びます。

　1980年段階で36カ国が指定されました。これらの国家の一人あたり
GDPは南の平均の四分の一以下であるといいます。2014年7月現在で後
発開発途上国には48カ国が認定され、アジアではアフガニスタンやネパー
ル等9カ国、アフリカではエチオピア、ザンビア、コンゴ等を含む34カ国、
オセアニアではキリバスやツバル等が指定されています。アフリカの諸国
の多さが際立っています。

　このようなことを踏まえて、1984年段階の南北格差の表を作成してみ
ました。

表Ⅱ-8-5 南北格差（1984年）

	途上国			先進国	非市場経済圏
	低所得国	中所得国	高所得国		
人口%	50.7	25.2	0.4	15.5	8.2
面積%	24.4	31.3	3.1	23.7	17.6
一人当GNP（ドル）	260	1250	11250	11430	－
輸出%	1.8	13.3	3.3	74.8	6.7
出生時平均余命（年）	60	61	62	76	68

　南北間の格差もさることながら、途上国の中でのばらつきが非常に大き
いことがわかります。

＜設問＞

１．次の用語の国際政治史上の意味を200字程度で説明しなさい。
　　① OPEC
　　② LDC

２．1960年代から70年代にかけて途上国が国際政治上の発言力を増
　　す動きをまとめなさい（800字以内）。

第 8 講

第9講

ベトナム戦争(1)：南北分断から北爆開始まで

　本講と次講でベトナム戦争について学びます。1960年代半ばから70年代にかけて日本のテレビのニュースでは毎日のようにベトナム戦争のニュースが流れました。アメリカは1950年代に朝鮮戦争でアジアへの介入を具現化し、冷戦の中でベトナムにも介入していったのです。東アジアの国際関係を考える上でもアメリカの外交政策を考える上でも、この戦争は重要であると考え、ここでその国際関係を中心に講義をします。

I　インドシナ戦争と南北分断

1）背景

　インドシナ半島は19世紀半ばからフランスの干渉を受け、19世紀末頃には現在のラオス・カンボジア・ベトナムがフランスに植民地化され、「仏領インドシナ」（仏印）となります。このフランスの植民地下で民族運動・独立運動がさかんに行われました。中でも有名なのがホー・チ・ミンの運動です。ホー・チ・ミンは1930年にベトナム共産党（のちにインドシナ共産党と改称）を結成しベトナム独立運動を推進したベトナムの指導者です。現在ではその名前は「ホーチミン市」（以前のサイゴンを改称）として都市の名前で残っています。

　ところで1940年代前半に日本は日中戦争・太平洋戦争を戦う中で仏領インドシナにも進出します。ベトナム独立運動は「日本帝国主義反対、フランス植民地主義反対！」と燃え上がりを見せたのです。1941年ホーは

ベトナム独立同盟会（ベトミン）を結成してその首席となり、民族解放運動、独立運動の看板を掲げて運動を行っていきました。

　1945年8月日本は敗戦でインドシナから去ります。ハノイではベトナム民主共和国臨時政府樹立宣言がなされ、フランスの支配終了が宣言されました。しかしその後もフランスは支配を復活させようと干渉してきたのです。こうしたフランスとベトナムの衝突が「第一次インドシナ戦争」といわれるものです。1946年から54年まで続きました。この間、世界的には冷戦が進展したため、この戦争にアメリカが介入するようになりました。冷戦下でアメリカはフランスを援助します。当時の情勢下でアメリカとしてはホー・チ・ミンの共産主義的運動の流れによる独立は看過できなかったのでしょう。

　1950年2月米英等がかつての皇帝で反ホー親仏政権を掲げるバオ・ダイ政府を承認します。1950年6月から53年7月に朝鮮戦争があり、アメリカはアジアへの介入姿勢を明らかにし、また共産主義封じ込め政策の一環としてベトナムでもフランス側に加担する姿勢を鮮明に打ち出していくようになるのです。朝鮮戦争が1953年7月に休戦すると、共産軍の物資がベトミン軍へ流入するようになりました。ベトナムは以下のように、東西対立に組み込まれていくのです。

図Ⅱ-9-1　第1次インドシナ戦争

（東側）→ベトミン　　　v.s.　　　仏←米（西側）
　　　　　北　　　　　　　　　　南

2）ジュネーブ協定

　アメリカの介入にもかかわらず、戦局はフランス側に不利で、平和を求める気運が出始め、1954年1月ベルリンで米英仏ソ四国外相会議が行われました。ここでインドシナ問題解決のためにジュネーブ会議を開くことが決定され、同年4月よりジュネーブ会議が開催されました。

　7月21日にジュネーブ協定が締結され、フランス－ベトナム間に休戦が成立します。これにより北緯17度線のやや南方を境として停戦が実現することになったのです。締結の当事者はベトナム民主共和国（ホー・チ・

ミン）とフランスで、その骨子は、①ベトナムを北緯17度線で南北を暫定的に分割する、②南北統一のための選挙を1956年7月までに実施する、というものでした。

　しかしこの協定には問題がありました。それは、①7月7日にバオ・ダイがアメリカの要請により米国に滞在していたゴ・ディン・ジェムを南ベトナム側の首相に任命していたこと、②アメリカとジェム政府が署名しなかったこと、です。結局アメリカは単独で休戦を宣言するというねじれた事態になったのです。

　結果として、ジュネーブ協定に明記された統一選挙はジェム側が受け入れず、行われないことになり、ベトナムは北緯17度線で南北分断という状況になったのです。

図Ⅱ-9-2　南北ベトナム

	北	v.s.	南
国名：	ベトナム民主共和国		ベトナム共和国
指導者：	ホー・チ・ミン		ゴ・ディン・ジェム
首都：	ハノイ		サイゴン
支援国：	ソ・中		米国

ベトコン（北の民族解放軍士）

　こうした状況で北ベトナムの側からベトナム統一運動がベトコンを通じて行われるようになり、南ベトナムはこれに軍事的に対応せざるを得なくなります。ベトコンは南の側に侵入し南ベトナム政府転覆工作をしかけ、南ベトナムの内戦に発展します。これにアメリカが介入するという形になったのが「第二次インドシナ戦争」つまり私たちがベトナム戦争と呼んでいる戦争です。

Ⅱ　北ベトナムの社会主義化

　ジュネーブ協定にしたがった統一選挙が実施されないことが明確化すると、北ベトナムは独自に社会主義国家を建設していかねばならないことを

自覚します。もともとベトナムは南北に細長い国で、おおまかにいって北部は工業地帯、南部は穀倉地帯でした。インドシナ戦争が続いたことにより北ベトナムの鉱工業施設や農業施設は荒廃し、南北分断されたことで南の穀倉地帯と切り離され、食糧事情が悪化します。社会主義国家建設をめざして、土地改革と経済復興3カ年計画に取り組むことになります。1958年以降「経済の改造と発展・文化発展の3カ年計画」が実施されました。

　しかし1964年よりアメリカのベトナム介入が強化され、1965年からはアメリカが北ベトナムを直接爆撃する「北爆」が開始されたため、北の社会主義建設は思うように進まない時期が続きました。

　1969年9月3日ベトナムの星と尊敬された指導者ホー・チ・ミンが永眠します。余談ですが、ホー・チ・ミンは漢字で書くと、「胡志明」となるそうです。ベトナムは昔は中国に朝貢する漢字文化圏の国家の一つだったのです。

Ⅲ　南ベトナムと米国

1）南の国造り

　一方南ベトナムではゴ・ディン・ジェム首相を中心にアメリカのテコ入れで、国造りが進められていました。冷戦下で「反共政策」が国の中心的な政策の一つでした。

　1954年9月にSEATO（東南アジア条約機構）が結成されます。これはアメリカが主導するする東南アジアの西側集団防衛条約です。インドシナ3国はその適用地域になりました。

　ジェムはアメリカの軍事援助を利用して南ベトナム軍を作り、国内の親仏勢力を打倒します。1955年10月ジェムは大統領に就任し、国名をベトナム共和国としました。当初、ジェムの政策は成功したように見えたのですが、土地改革に失敗し、また同族偏重による独裁的な政治に、次第に国内的に憂慮されるようになっていくのです。1957年頃よりベトコン（北から入った南ベトナム解放戦線の闘士、ゲリラ）を中心とする反ジェム勢力が台頭し、農村の政治指導者達が次々とテロによって殺害されるといっ

た事態になりました。

　1960年12月ついに南ベトナム解放民族戦線（反ジェム勢力）が結成され、以降反ジェム勢力として成長していくのです。この頃アメリカは南ベトナム政府に、人的物的援助による一層のテコ入れを行っていきます。アメリカは泥沼にはまるようにベトナムへの介入を強めていくのです。アメリカとしては共産主義者による南ベトナム支配を何とか阻止しなければならないと考えたのです。いわゆる「ドミノ理論」です。ここで阻止しないと、ドミノ（将棋倒し）のように共産主義が世界中に波及する、共産主義の世界への波及を止めるべきである、といった考えから、介入を強めたのです。

2）南の政情不安定

　アメリカの物的・人的援助にもかかわらず南ベトナムの戦局は今ひとつ芳しくありませんでした。アメリカはこれはジェム政権の独裁的腐敗政治に要因があるのではないか、と疑問を持つようになるのです。結局アメリカはジェム政権を見放し、ジェム政権はクーデターにより倒れました。クーデターを起こしたのはアメリカに了解を得たズオン・バン・ミン将軍でした。1963年11月ズオン・バン・ミン将軍の政権奪取となるのですが、この政権はわずか3カ月でグエン・カーン将軍のクーデターにより崩壊します。1964年8月カーン将軍は大統領になったのですが、国民の反撃にあい、政権の座から追放されてしまいます。これらを含め南ベトナムでは1964年中に5回も政権交代が行われるという政情不安定が続きました。こうした政情不安にアメリカとしても打つ手がなく、いったいどれを支援すればよいのか、当惑するばかりだったようです。米大統領は南ベトナムの政情不安定に悩まされ、「朝起きると政権が替わっている」と嘆いたとか。

　1965年2月グエン・カオ・キ将軍ら若手将軍グループによるクーデターが成功します。6月にグエン・バン・チュー将軍を元首とし、グエン・カオ・キ将軍を首相とする軍事政権が樹立し、反共的政策を明らかにしました。1967年4月に新憲法が施行され、大統領選挙が行われます。この結果、グエン・バン・チュー大統領、グエン・カオ・キ副大統領、グエン・バン・ロク首相という布陣の政府が選挙によって誕生し、一応ここで軍政から民政への移行が行われました。しかし、この間登場した南ベトナム政権は

自己の蓄財と血縁・地縁・宗教的背景のからんだ権力闘争に汲々としていたのが実状で、経済の悪化と社会不安は大きくなっており、南ベトナムの国家財政はますますアメリカに頼らざるを得ない状況でした。

Ⅳ　北爆

1）開始

　南ベトナムの軍事的、政治的状況が悪化する中で起きたのがトンキン湾事件です。1964年8月2日と8月4日トンキン湾で北ベトナムの海軍水雷艇とアメリカの海軍駆逐艦が砲撃戦を行った事件です。8月2日には米駆逐艦マドックスが、また4日にはマドックスとターナージョイが北ベトナムの魚雷艇の攻撃を受けたというのです。この事態にアメリカの北ベトナム報復爆撃が行われることになり、米軍機が北の海軍基地、石油貯蔵所を爆発しました。これを契機に戦火は北ベトナムに飛び火し、米軍の公然たる軍事介入が開始することになりました。

　1965年2月7日から米軍機による定期的な北ベトナム爆撃＝北爆が行われるようになったのです。2月18日からは南ベトナム内にある解放区（北ベトナム軍の手中にある地域）への爆撃も始められます。

2）米国のねらい

　こうまでして北爆を始めたアメリカのねらいは何だったのでしょう。次のようにまとめられます。

　第一に、南ベトナムの国民の士気高揚です。

　第二に、北ベトナムの兵員・補給物資の南下浸透の防止です。

　第三に、北ベトナムを和平交渉の場に引き出すための軍事的圧力です。

3）北爆激化

　しかし北の態度はむしろ硬化していきます。国境付近の山岳部にある

ホーチミン・ルートを使って南に進入し、米軍と直接交戦するようになったのです。北爆により北ベトナムの都市は破壊され、経済的にも麻痺して、犠牲者は多数になりました。北ベトナムは1965年末から国家体制を戦時体制に転換させ、「抗米救国闘争」として抗戦を続けました。

　アメリカの駐留軍は1965年2月の段階で2万人余りでしたが、1966年末には40万人近くにふくれあがっています。最も多数の兵員を動員した時期の1969年1月には54万9500人に達したといいます。この他に韓国、豪州、ニュージーランド、フィリピン、タイ等の派遣軍が5万人以上いたといいますから、非常に大きな勢力です。

　戦争は1日でも行うには、大変な資金、人員が必要となります。アメリカの財政は、貿易収支の悪化とベトナム戦争の負担で1960年代半ば以降大きく悪化していくのですが、冷戦下でベトナムを共産化してはいけない、という考えがこうまでの犠牲を強いたのでしょうか。しかし戦局はアメリカの期待するようにはならないのです。

＜設問＞

　次の用語の国際政治史上の意味を200字程度で説明しなさい。
①ホー・チ・ミン
②ジュネーブ協定
③北爆
④北緯17度線

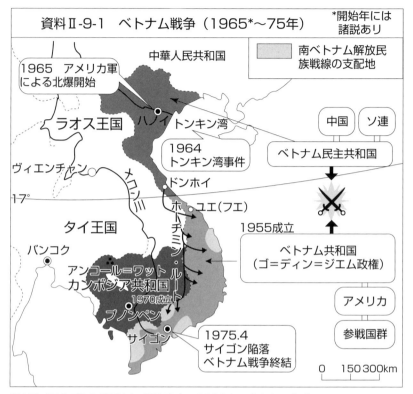

資料Ⅱ-9-1　ベトナム戦争（1965*〜75年）

*開始年には諸説あり

南ベトナム解放民族戦線の支配地

中華人民共和国

1965　アメリカ軍による北爆開始

ラオス王国

ハノイ　トンキン湾

ヴィエンチャン

1964 トンキン湾事件

中国　ソ連

ベトナム民主共和国

ドンホイ

17°

ホ・チ・ミン・ルート

ユエ（フエ）

タイ王国

1955成立

バンコク

ベトナム共和国（ゴ＝ディン＝ジエム政権）

アンコール＝ワット
カンボジア共和国
1970成立
プノンペン

アメリカ

サイゴン

1975.4 サイゴン陥落 ベトナム戦争終結

参戦国群

0　150 300km

（出典）『アカデミア世界史』、浜島書店、2022年、をもとに作成。

第10講

ベトナム戦争（2）：ベトナム統一

I　和平への動き

1）北爆停止

　アメリカの大規模な介入にもかかわらずベトナム戦争はアメリカの期待するようにはならなかったのです。1968年1月末、解放戦線が各地でテト（旧正月）攻撃を行いました。これにより大規模な破壊がなされ、両軍は大打撃を受けました。この情勢に、アメリカとしても南ベトナムにおける自信と基礎を揺さぶられ、解放戦線側も力の限界を感じ、戦局は新たな展開を迎えることになったのです。

　1968年10月ジョンソン（Lyndon B. Johnson）米大統領はついに「北爆全面停止」を宣言しました。これは近づく大統領選挙を有利にしようとしたと思われています。しかしジョンソン（民主党）は引退し、民主党のハンフリー副大統領が共和党のニクソンに敗れ、ニクソンが大統領になったのです。

　1969年1月にパリで和平交渉が再開しました。しかし北ベトナムは原則を崩さない姿勢をとり、米側提案を拒否し、行き詰まってしまいます。

　1969年7月アメリカは「グァム・ドクトリン」を出します。ここでアメリカはアジア地域からの軍事的撤退を宣言したのです。段階的に米軍を撤退して、ベトナムのことはベトナムの人たちにまかせるという「ベトナム化政策」をとるようになります。これにより、1972年までに40万人の将兵がアメリカに帰国しました。

2）和平協定

　1969年6月に北ベトナムは北部クァンチ省に南ベトナム共和国臨時革命政府を樹立します。そしてアメリカとの間で和平への動きを開始したのです。しかしここから戦争終結までは簡単ではありませんでした。

　1970年5月アメリカはベトナム化政策を遂行するため、南ベトナム軍とともにカンボジア領域に進攻しました。そして社会主義政策を実行し、アメリカとの関係が悪かったシアヌーク殿下を追放して、ロン・ノル政権を打ちたててしまうのです。アメリカはロン・ノル政権にテコ入れし、北爆を再開します。こんな事態ではグァム・ドクトリンとは逆の方向に向かってしまいますね。

　一方アメリカは1972年2月に米中接近を行います。ニクソンがかつて朝鮮戦争で敵として戦った中国の北京を訪問したのです。両国は共同声明を出しました。国際政治情勢は大きく動くことになります。冷戦体制は米ソを中心とした二極構造から多極への時代になっていったのです。ベトナム戦争も早期終結が期待されるようになります。

　しかし北ベトナム政府は米中共同声明を批判し、対米戦争をやめようとしません。1972年5月アメリカは北ベトナム沿岸を機雷により封鎖し、北爆を強化しました。これにより北ベトナムの抗戦力が減退し、中国の対外政策の転換による国際情勢の変化もあって、北ベトナムも和平交渉再開を承認せざるを得なくなります。

　1972年9月からパリ秘密会議が行われます。米側はキッシンジャーが、北ベトナム側はレ・ドク・トが出席して話し合われたようです。結局1973年1月27日ベトナムにおける戦争終結と平和回復に関する協定がパリで調印されました。調印したのは米国、ベトナム共和国（南）、ベトナム民主共和国（北）、南ベトナム共和国臨時革命政府の4者です。そして1月28日に南ベトナム全土で停戦が発効しました。2月から3月にかけてベトナム国際会議が開催され、4当事者と4監視委員国（カナダ、ハンガリー、インドネシア、ポーランド）、英、仏、ソ、中の参加のもとで「パリ決議」が調印されました。これはベトナム和平を国際的に保障するものでした。

　1973年6月共同コミュニケが発せられました。米国、北ベトナム、南

ベトナム、南ベトナム共和国臨時革命政府が署名して、次のようなことを約束したものでした。

　①南ベトナムでの停戦の厳格な実施

　②双方の支配地域の画定

　③捕虜と民間人抑留者の全員釈放

　④民族和解一致全国評議会の設置

　この他、アメリカとベトナムの間にある懸案（機雷除去、米軍機の北ベトナム上空偵察停止、経済合同委員会再開、等）のタイムテーブルが作成されることになりました。

　こうしてベトナム戦争は終結し、和平は新しい段階になります。しかし南のグエン・バン・チュー政府と臨時革命政府の対立の解消の目途はたたないままでした。アメリカに見捨てられた南ベトナム政府の深刻な政治情勢と絡み、政治的和解は未だ遠いという状況でした。

II　ベトナム統一

1) 米国と南ベトナム

　南ベトナムのグエン・バン・チュー政権は依然としてアメリカからの多額の援助を期待していましたが、アメリカの議会は1973年1月のパリ協定を契機に7月には「米軍のインドシナ軍事介入禁止規定」を発効します。これにより1974年から75年度の南ベトナム援助を大幅に削減することとなりました。反南ベトナムで勢いづく解放勢力は支配地域の拡大を図り軍事的巻き返しに出ます。

　アメリカではニクソンがウォーターゲート事件で弾劾にあい、フォード（Gerald Rudolph Ford Jr.）大統領になりました。上院では74年から75年度の南ベトナム向け軍事援助の大幅削減が決定され、加えて世界的な石油危機となります。これは南にとって大きな打撃となりました。ちなみに解放勢力側は石油を多量に消費する兵器が相対的に少なく、中ソに石油を依存していたため打撃は少なかったようです。そんな状況下で南の国内の反チュー勢力がカトリックを中心に第三勢力を結成し、「チュー大統領退

第10講

陣要求」の運動を拡大していきます。これでは南の戦力は低下し、軍の士気も衰えてしまいます。

　1974 年後半には解放勢力が活発な攻勢に出ます。1975 年 3 月ついに北ベトナム正規軍の 1 部が南ベトナムへ移動を開始しました。これに支援された解放勢力は中部高原で攻勢にでます。南の政府軍の大半は戦闘意欲を失っており、撤退していったのです。

　1975 年 4 月に入り解放勢力は北ベトナム軍によってさらに増強され、ついに南の首都サイゴンへ入っていきます。4 月 17 日カンボジアで首都のプノンペンが解放勢力によって解放され、シアヌークと共産主義者達が新政権を樹立しました。4 月 21 日グエン・バン・チュー大統領が辞任し後任にチャン・バン・フォンが大統領に就任しました。ところが臨時革命政府側はこれを交渉相手としません。

　一方、アメリカはフォード大統領が「アメリカにとってすでにベトナム戦争は終わった」と述べ、ベトナム「訣別宣言」をして南ベトナムを見放したのです。

2) サイゴン陥落

　1975 年 4 月 26 日共産軍側が「ホーチミン作戦」と名付けたサイゴン解放作戦を開始しました。南ベトナム政府はフォン大統領からズオン・バン・ミン大統領になっています。4 月 29 日にはフォード米大統領がサイゴン在住の米国人に最終的撤退命令を出します。南ベトナムから飛び立つヘリコプターは帰国の米国人であふれ、当時の国外脱出者だけでも 12 万 7000人に達したとされます。

　29 日の夜から 30 日朝にかけて共産軍がサイゴンの主要地区や軍事目標を占領しました。南ベトナムのミン大統領はこれ以上の流血を避けるため全軍停戦命令を発しました。南ベトナム政府軍は無条件降伏したのです。共産軍はサイゴン市内に入り、大統領官邸を占領しました。共産軍の手によりサイゴン市はホーチミン市に改称されました。こうして南ベトナムは共産軍の手により解放されることになったのです。サイゴン陥落です。

　ここに南北ベトナムの領土的統一が達成されました。ベトナム戦争は北の社会主義体制による南の解放で幕を閉じたのです。

　1975 年 4 月 17 日にはカンボジアに社会主義政権が樹立され、4 月 30 日にベトナムも社会主義化し、12 月 2 日にはラオスでも人民民主共和国が成立しました。ベトナムは 1976 年 7 月にベトナム社会主義共和国として発足し、インドシナは社会主義化を目標とするブロックとなったのです。

　ベトナムはその後工業化を進め、現在ではアジアでも最も今後の経済的発展が期待される国家の一つとなっています。しかし戦争の爪痕は残っています。戦争孤児や障害者問題等、戦争に由来するものが少なくありません。有名な例が、ベトちゃんとドクちゃんですが、皆さんは聞いたことがあるでしょうか？戦時中に米軍がまいた枯れ葉剤の影響でできたとされる障害児です。腰から下は一つなのですが、頭と胴体は二つという身体で生まれた結合双生児でした。

　米軍はベトナムで戦闘を続ける際に、ジャングルにゲリラが潜んでいることに苦慮し、敵が見えるように木の葉っぱを枯らす枯れ葉剤を散布したのです。妊娠中にこれをかぶった母親から、障害児が多数生まれました。ベトちゃんとドクちゃんは 1981 年生まれですから、ベトナム戦争が終わってから生まれているのですが、母親が枯れ葉剤に汚染された地域で生活し、井戸の水を飲んでいたということで影響があったのではないかといわれています。

　彼等は元気な子に成長していましたが、兄のベトちゃんが脳の病気になってしまいます。このままでは双子両人の命が危ないため、日本が協力し医者を派遣して分離手術が行われ成功しました。ベトちゃんはしばらく病床にあり、死亡してしまいましたが、ドクちゃんは生き残り、結婚もして立派に働いているようです。ちなみにドクちゃん夫婦の間に生まれた男女の双子は富士（フー・シー）と桜桃（アイン・ダオ）という日本にちなんだ名前がつけられたそうです。

　ベトナム戦争がアメリカ社会に与えた影響は大きなものがありました。現在のアメリカの社会や文化―たとえば映画や音楽等を理解する上でも、ベトナム戦争のことを考慮せざるをえないと思います。アメリカは Best and Brightest つまり当時のアメリカの最高の頭脳を結集させて戦った戦争に敗れたのです。近代的兵器も最高の頭脳も通じなかったという事実は、アメリカ社会にかくも大きな影響を与えました。コロナのない時の通常の授業では必ずこの戦争の画像を見ることにしていました。生々しい戦争の

第10講

画像は、多くのことを語ります。興味をもった方は、関連の映画や音楽に
触れてみるのもいいと思います。

＜設問＞

　次の用語の国際政治史上の意味を200字程度で説明しなさい。
①グァム・ドクトリン
②サイゴン陥落

第11講

多極化と冷戦の崩壊

I　多極化

　1960年代末から70年代にかけて世界の国際的構造が大きく変化しました。すでに若干ふれましたが、それまで米ソを中心とする二極構造で対立していたのが、ECの誕生や日本の経済的発展、中国の国際舞台への登場等があり、「極」と呼びうるようなアクターがより多くなり、多様になってきて、国際関係も複雑化しました。このような国際関係の構造変化を「多極化」といいます。

　この時期の構造変化の要因をまとめてみました。

　第一に、米国がベトナム戦争や貿易赤字により、財政赤字が大きくなり相対的に弱体化したこと、です。

　第二に、ソ連も社会主義経済の行き詰まりから、経済的困難とそれに伴う財政赤字を抱え、やはり相対的に弱体化したこと、です。

　第三に、ヨーロッパでECがまとまり、域内経済の伸びが見られ、国際政治における発言力を増したこと、があります。

　第四に、日本の経済的成長が順調で、経済力を増大させ、国際的存在感を大きくしたこと、です。

　第五に、中国が文化大革命を経て国際舞台へ登場し、国際関係の重要なプレーヤーとして認められることになったこと、です。

　ここでそれまでの中国の対外政策を簡単に振り返っておきます。中国が社会主義国家として1949年に誕生したのですが、路線の相違から1950年代後半からソ連と対立するようになりました。中ソ対立が世界的に明らか

になったのは 1960 年のことです。中国共産党の路線対立は厳しいものが
あり、日本共産党とも仲違いします。1966 年から 1976 年にかけて中国で
は文化大革命（文革）とそれに伴う政治的社会的混乱にみまわれました。
文革は中国における社会主義再教育運動でしたが、「社会主義の本分を忘
れるな！」といったスローガンの下に、あらゆる「資本主義的な」建造物
や文化財が破壊され、若者は労働の勉強のためと「下放」（地方に移住さ
せ労働に従事させる）され、毛沢東思想が強調されました。国内的混乱の
中で経済は低迷しました。文革期の前半は対外関係も極左路線がとられ、
多くの国との交流がとだえました。

　1967 年中国が水爆実験に成功します。中国は核保有国となったのです。
そんな中で 1969 年に文革収拾宣言が出されます。これを機に中国は国際
関係の修復に乗り出すのです。この 1969 年はアメリカのニクソン大統領
によりグァム・ドクトリンが出され、アメリカのアジアからの撤退が発表
されました。アメリカがベトナムに深く介入している以上、米中関係の改
善は難しかったでしょう。しかしその重しがとれ、米中関係が新たな段階
にいきます。1971 年 7 月アメリカのニクソン大統領訪中計画が発表され
ました（ニクソン・ショック）。1971 年 10 月中国が国連で議席を獲得し、
それまで議席をもっていた台湾が脱退します。台湾は国連の常任理事国の
ポストも占めていましたが、中国に代わりました。1972 年 2 月ニクソン
米大統領が訪中し（米中接近）、国際関係が大きく動きます。同年 9 月田
中角栄総理が訪中し日中国交回復が行われたのです。

　中ソ対立が厳しい中で、中国が西側資本主義陣営の中心であったアメリ
カと関係を改善し（米中接近）、日本と国交を回復する（日中国交正常化）、
という国際関係の構造変化が起こったのです。

Ⅱ　冷戦の崩壊

　さらに 1980 年代末から 90 年代初めにかけて、冷戦の一方の雄であった
ソ連が崩壊するという大きな変化が訪れます。変化の要因は次のようなも
のでした。

1）米ソの経済状況の悪化

　米ソ両国の経済状況がますます悪化して、両国とも大幅な財政赤字を抱えるようになりました。

2）ソ連の改革の失敗

　ここで当時のソ連の状況に関して若干の説明を加えます。1985 年にソ連の書記長になったゴルバチョフ（Mikhail S. Gorbachev）は西側諸国と比べ経済的に遅れている現状を立て直そうと、ペレストロイカ（改革）とグラスノスチ（情報公開）政策を打ち出し、国内経済再建や民主化にむけた大胆な改革に乗り出しました。西側に遅れたという危機意識から軍事力を削減させ、西側との関係改善を図り経済のたて直しを試みたのです。

　ソ連では長く中央集権的指令型経済体制がとられていたのですが、それが自由主義経済より結果として遅れた要因だということで、企業自主権を奨励し、経済活動を活性化させようとしました。

　しかし急激な改革によりシステムの部分的破壊が起きました。これまでソ連の社会を担ってきた党体制が破壊され、流通システム等がうまくまわらなくなり、経済的混乱を引き起こします。都市では食料や日常の物資が不足し、この冬を越せるか、などと人々が不安を感じるようになる一方で、一部の農村ではせっかく作った作物を運ぶことができず腐らせる、といった事が起きたのです。

　1988 年人民代表大会を創設し、最高会議を改編し、1990 年共産党が一党独裁体制放棄、複数政党制を容認し、大統領制を導入、ゴルバチョフ自身が初代の大統領に就任しました。ゴルバチョフは「新思考外交」の名のもとに西側との緊張緩和を実現しましたが、グラスノスチにより政府や党の批判も受け、経済的混乱とあいまって、苦しい状況に追い込まれていくのです。

第11講

3）ソ連国内の民族問題の噴出

　中央政府の政策の失敗と混乱の中、ソ連国内の民族問題が噴出します。

ソ連という国家は、連邦制をとっていました。強大な軍事力や中央集権的社会主義体制をとっていたため、意外に思われるかもしれませんが、実は120以上ともされる民族を有する多民族国家でした。一皮むけば民族問題、宗教問題が多発する恐れのある国だったのです。混乱の中で各共和国や民族のソビエト連邦からの独立運動が起きてきます。

4）東欧の民主化

ソ連が国内問題で手一杯になり、その上「新思考外交」を掲げて対外的には緊張緩和の方向をとっていく中で、それまでソ連に抑えつけられていた東欧諸国の「民主化」が進みます。

ゴルバチョフは就任以来他国への内政不干渉と自主性の尊重を強調していたのですが、彼のもとで「ブレジネフ・ドクトリン」が放棄されることになりました。ブレジネフ・ドクトリンとは1968年のチェコ事件の際、ソ連の軍事介入に対し、世界中から非難を受けた当時の書記長ブレジネフが「ある社会主義国にとっての脅威は社会主義全体の問題」であるとして、ソ連のチェコスロバキア介入を正当化した理論です。冷戦下で東側陣営にある諸国家にとっては、ブレジネフ・ドクトリンを根拠としたソ連の介入を受ける可能性を常に意識せざるを得なかったのです。それが否定され、特に東欧諸国では「重しがとれた」ことになり、東欧の民主化（東欧革命）が促進され、一党独裁を放棄する国家が出ました。

まずポーランドやハンガリーで共産党内の体制変革の要求がなされます。1989年6月ポーランドで初の自由選挙が行われ、「連帯」系内閣が成立します。それまでの統一労働者党とポーランド人民共和国が解体し、多党制をとるポーランド第三共和国となりました。ハンガリーでは1989年2月複数政党制を導入し、6月に一党独裁を完全に放棄します。10月にはハンガリー共和国憲法が施行され、ハンガリー人民共和国が崩壊します。

ところで冷戦の象徴的存在であった東西ドイツはどうだったでしょうか。東ドイツでは西ドイツとの経済的格差が顕著になる中で、民主化を要求する声が高まり、東ドイツ国民が西ドイツに大量流出する事態となりました。東ドイツの国民が西ドイツに行くことは簡単ではなかったのですが、一端別の国に出て、第三国経由で西ドイツに行く人々が増え、この流れが

止められなくなったのです。ついに 1989 年 10 月東独政権のトップにあったホーネッカーが失脚します。その後 11 月 9 日に東独市民の旅行の自由化が発表されたのですが、これは後に手違いだったのではないか、ともいわれました。国民はこの状況に喜び、11 月 10 日冷戦の象徴であった「ベルリンの壁」に民衆が登り、壁を壊すという行動に出ました。ベルリンの壁は民衆の手によって崩壊したのです。結局 1990 年 10 月 3 日西ドイツが東ドイツを糾合するという形で東西ドイツが統一しました。

　チェコスロバキアでは 1989 年 11 月に民主化勢力のデモ等を収拾できなくなった共産党政府が妥協して、一党独裁体制の放棄、複数政党制導入となりました。

　ルーマニアでは共産党が政権の座に固執します。大統領のチャウシェスク（Nicolae Ceausescu）は 20 年以上権力の座にある長期独裁政権を保っていたのですが、1989 年 12 月ハンガリー系市民のデモが全国に波及し、民主化を求める革命が勃発、衝突・流血が起きました。チャウシェスク大統領夫妻は人民裁判にかけられます。日本でもニュースでその一部始終を見ることができました。人民裁判にかけられた大統領がまるで教室の机のように見える粗末なテーブルの前で「私は悪いことはしていない！」と拳をあげて主張していた映像が流れた次の日に、頭を打ち抜かれた大統領夫妻の画像が流れたのはショックでした。いくら独裁者だったとはいえ、たった 1 日の裁判？で銃殺とは…国家が崩壊する時の恐ろしさをまざまざと感じたものです。ルーマニア社会主義共和国はルーマニア共和国になりました。

　さてソ連ですが、この混乱の中で、連邦から抜けたいと最初に言い出したのはバルト 3 国（エストニア、ラトビア、リトアニア）です。ここはヨーロッパのとなりで、ソ連にとって戦略的に大変重要な位置にあります。第二次世界大戦中にソ連に編入されたのですが、1980 年代の情勢下で独立の要求が高まり、1990 年に各国が独立を宣言しました。ゴルバチョフはこの 3 国の動きに、自ら現地に飛んで行ってソ連に残るように説得しましたが、無駄でした。そうこうするうちに 1991 年 8 月ソ連でクーデターが起き、以降、政局の混乱が続き、12 月についにソビエト社会主義共和国連邦が崩壊し、独立国家共同体（CIS）が成立しました。外交などの具体的な問題は、ロシア連邦が代表する形となりました。

　冷戦の一方の「極」であったソ連がなくなったのです。これまでの戦後世

界の基本的な構造がくずれ、新たな国際関係の構造構築の模索が始まりました。

Ⅲ　冷戦後の問題点

　冷戦の終了は必ずしも世界平和を促進する方向にはなりませんでした。いくつかの問題点を挙げてみたいと思います。

1)「核の抑止」が崩れて「核の分散」の時代へ

　冷戦下で全面的な戦争が行われなかったのは、「核の抑止」の理論があったからです。すなわちあまりに破壊力の大きな核兵器というものができたがために核戦争は起こしてはいけないというブレーキがかかる、これが核の抑止です。ところが冷戦の崩壊によって、核兵器が、これまで持っていなかった第三世界や途上国にも分散するようになり、核の所有が相手の威嚇に使われるような状態になっています。旧ソ連が崩壊したときに、ソ連の核兵器をリビアとかイラクが買うのではないか、という噂が出て世界を震撼させました。また、近年北朝鮮がミサイルの開発を見せつけるように発射を繰り返して、周辺国の安全を脅かしているのは事実です。こうした状態をどう管理するかが、現在の世界の大きな課題になっています。

2)「民族自決」から「民族エゴ」へ

　20世紀の初めに第一次世界大戦という未曾有の戦争を経験した世界では、二度とそうした悲惨な戦争を起こさないという願いのもとに、「民族自決」権が掲げられました。しかしそれから100年の歳月は、「民族自決」によって世界の平和が達成されることは不可能であることを語っています。冷戦が終わって世界は民族紛争がよりめだつようになり、いわば「民族エゴ」が噴出している状態であるといえます。

　たとえば旧ソ連ですが、ソ連が世界有数の多民族国家であったことはすでに指摘しました。ソ連邦が崩壊し、共和国ごとに独立しましたが、今度はその共和国内の民族問題が明らかになりました。従来ソ連は連邦を強固

にすることをねらい、「ロシア化政策」をとっていました。ロシア民族を様々な共和国に移住させ、現地の人と結婚させ、同化させることをねらったのです。ところがソ連崩壊で移住した人はその共和国に取り残されることになりました。それが新たな民族問題の火種となっているのです。

　また旧ユーゴスラビアの状況も悲惨です。ユーゴスラビアという国は民族も言語も宗教も様々ないくつかの地域が集まってできていたのですが、1991 年クロアチア、スロベニア、マケドニア、ボスニア・ヘルツェゴビナが分離独立、その後もコソボ等の紛争が相次ぎ、まだ完全にこれがおさまっているわけではありません。こうした過程で多くの難民が出たり、日常的に町中で銃撃戦が行われるといった物騒な時もありました。

　そんな中でアメリカは「世界の警察」を自称していたのですが、近年のトランプ（Donald John Trump）政権下では「アメリカ第一」と自国中心のナショナリズム的主張をあらわにするなどアメリカ頼みでどこまで安全を守れるのかわからない状況です。

3) 国境を越えた問題の存在

　国境を越えた問題が人類の存亡を脅かす時代になっています。環境問題、食糧問題、エネルギー問題等で先の見えない時代です。たとえば二酸化炭素の排出からくる温暖化問題－二酸化炭素の排出は 1 国だけ規制しても効果は望めないでしょう。地球環境の破壊は待ったなしの状態です。飢えや貧困などの問題も解決されず、食糧問題やエネルギー問題も、解決の糸口は見えません。民族エゴの高まりとともに、むしろこれらの問題の解決の道はより遠くなっているようです。

第11講

＜設問＞

　次の用語の国際政治史上の意味を200字程度で説明しなさい。
①米中接近
②ペレストロイカ
③ベルリンの壁

第12講

地域統合

ここでは地域統合の問題について歴史的に振り返ります。

I　背景

　国際関係は近年特に国境が低くなり、国際関係の主体が多様化していま
す。古典的な概念では、国際関係とは主権国家間の交渉や戦争をイメージ
し、国境を挟んだやりとりが当たり前だったのですが、近年国家間の境が
特に低くなり、ボーダーレス（無国境）時代といわれてもいるのです。国
際関係を担う主体は多様化し、必ずしも国家のみが国際関係の主体とはい
えなくなりました。現代は多国籍企業や個人（移住者、留学生、旅行者、
etc.）も国際関係を担う重要な主体なのです。

　ところで、本講で主として取り上げようと思うのは、政府間国際機構
（IGO, Intergovernmental Organization）です。国際機構年鑑（Yearbook
of International Organization）の定義では、政府間国際機構とは、①政府
間の正式な協定にもとづき、②協定に署名した３ないしそれ以上の国民国
家を含み、③任務を遂行する常設の事務局を有する組織、となっています。
例えば、国際連合、ILO（国際労働機関）、IMF（国際通貨基金）、OECD（経
済協力開発機構）、等があります。

　これに対し非政府間国際機構（INGO, International　Non-governmental
Organization、NGO とも）とは、政府間の協定によらない脱国家的機構
を指します。民間の自発的団体が主となり、数の上からは IGO より NGO
（もしくは INGO）の方が圧倒的に多くなります。有名なところでは人権

侵害に対処するアムネスティー・インターナショナルや環境保護団体のグリーンピース等があります。

Ⅱ　地域統合－EU と ASEAN

　ところでここで特に注目したいのは、地域統合の動きです。すなわち地理的に近接している国がある種の統一体を構成し国際政治の世界で一定の影響力を発揮している例です。第二次世界大戦後に出現した多数の地域機構は、政治・経済・文化の各領域に及び、性格も政府間機構から超国家的機構まで多様ですが、近年は特に地域経済圏の創設の動きが盛んになっています。国際関係の主体の多様化の中でも、特別に重要な動きであると考え、ここで取り上げます。

1）事例 1：ヨーロッパの統合の行方

EC の成立についてはすでに説明しました。
```
┌─1951 ヨーロッパ石炭鉄鋼共同体（ECSC）
├─ 1958 ヨーロッパ経済共同体（EEC）
├─1958 ヨーロッパ原子力共同体（EURATOM）
└─►1967.7 ヨーロッパ共同体（EC）
```
　　　　　仏、西独、伊、ベルギー、ルクセンブルグ、オランダ

　1973　英、アイルランド、デンマーク

　1981　ギリシャ

　1986　スペイン、ポルトガル

　＊「ヨーロッパの復権」＝経済力で米・日等と対抗

　　→ヨーロッパ各国の単一の国内市場では小さいため

　　　統合して統一市場を形成

　このあたりまでこの授業の第 7 講でやっていますね。そこでここではその後の動きをまとめます。EC の性格に大きな変化をもたらしたものとして 1991 年 12 月マーストリヒト条約（EC 新憲法）があります。注目すべきはその内容です。下記のようなことをめざす、とされたのです。

①通貨統合をめざし、1999 年までに欧州中央銀行、共通通貨、を創る

②共通外交、安全保障政策の導入

③ EC 議会の権限強化

④ EC 共通市民権の導入

　そして欧州連合（European Union = EU）の創設が合意されました。ここで、①は経済的な統合をめざすもので、EC のめざしたものの延長線上にあるといえます。しかし、②から④は経済のみならず、政治的統合をめざしたものといえ、めざす統合の段階が一段上がっているのです。

　ただ条約というのは調印してもすぐに発効とはいきません。批准という手続き－すなわち当該国においてその条約に対する国内的承認、同意－が必要なのです。1992 年 2 月に EC 加盟国がこのマーストリヒト条約を調印しました。ところが 6 月にデンマークが条約批准を否決します。当時デンマークショックといわれました。9 月にはフランスが国民投票で小差でこれを可決しました。1993 年 5 月になってデンマークが批准承認にこぎつけ、8 月にはイギリスが、10 月にはドイツが、批准するに至りました。

　1993 年 11 月 1 日マーストリヒト条約が発効し、EC は EU になりました。この日のニュースで、NHK のアナウンサーがマーストリヒト条約が発効したので、今日から EU といいます、と言ったのをよく覚えています。その後加盟国が増え EU は拡大し続けています。

　1995 年 1 月にオーストリア、フィンランド、スウェーデンが加盟します。1998 年 5 月に欧州中央銀行が発足し、1999 年 1 月に単一通貨ユーロが導入されます。2000 年には欧州連合基本権憲章（域内市民の政治的、社会的、経済的権利を定めた文書）ができます。2004 年 5 月には旧東欧のポーランド、チェコ、スロバキア、ハンガリー、スロベニア、が加入し、エストニア、ラトビア、リトアニア、キプロス、マルタも入りました。さらに2007 年 1 月にはブルガリア、ルーマニアが、2013 年 7 月にはクロアチアが加盟しました。

　その他マケドニアやアルバニア、ジョージア（グルジア）、ウクライナ、トルコ、等が加盟の意向があるともされますが、加盟は 2022 年前半の段階で聞いていません。また、ノルウェーはずいぶん前から加盟の話があったのですが、聞いていません。2020 年現在、セルビア、モンテネグロ、北マケドニア（マケドニア）、アルバニア、トルコ、等との間で加盟交渉

第12講

が進められているとのことです。

　超国家的な機構なのですが、加盟国の主権はどうなっているのでしょう。一応、「欧州憲法条約」がありますが、このあたりはなかなかわかりづらいところです。2009年12月リスボン条約が発効しました。

　ところが2016年6月にイギリスが国民投票でEU離脱を決定します。2020年1月にイギリスは離脱しましたが、現状では離脱の影響はまだ大きくは出ていません。ただコロナ禍でイギリスが離脱後に結ぼうとしていた貿易等の協定が進んでいないため、その影響はこれから出るはずで、日本の企業も対応が迫られるところです。

2）事例2：ASEAN（アセアン、東南アジア諸国連合）

　アジアでも統合の動きがありました。ここではその典型的な例としてASEANをとりあげます。第二次世界大戦後、東南アジアにおいても民族の独立と安全の確保ならびに国民経済の発展の達成手段として地域的な統一への模索の動きが見られました。

　1961年ASA（東南アジア連合）ができました。これはASEANの前身となったもので、タイ、フィリピン、マニラ連邦による経済・社会・文化的領域における政府間地域協力機構でした。当時は冷戦下の東南アジアでベトナム戦争もあり、国際政治状況が緊張する中で、共産主義勢力の拡大に対抗しようとする反共的な性格をもおびた組織でした。

　1963年MAPHILINDO（マフィリンド）ができます。これはマレーシア、フィリピン、インドネシアの経済・文化領域における政府間協議体です。そこには主としてインドネシアが主張する反植民地主義、反帝国主義、中立主義的な政治的要素が見られました。

　しかしこれらの組織は双方とも1963年のマレーシア連邦成立を契機として始まったマレーシア対インドネシア、ファイリピンの対立に巻き込まれ、大きな成果なく活動停止になりました。1960年代の東南アジアは激動の時であったといえます。前述のようにベトナム戦争が進展しており、中国は1966年以降文化大革命で混乱に陥り、その一方で国際政治上では南北問題が声高に叫ばれるようになっていきます。

　1965年にはシンガポールが独立し、インドネシアで九・三〇事件が起

こりました。1966 年には先にふれたマレーシア対インドネシア、フィリピンの対立が解消に向かいます。そこで ASA を発展的に解消して ASEAN の成立へと向かったのです。

　1967 年 ASEAN が設立されます。当初の構成国はタイ、マレーシア、フィリピン、シンガポール、インドネシアで、いわば反共 5 カ国による地域機構でした。

　設立時に掲げられた目標は次のようなものでした。

　①地域の経済成長、社会進歩、文化的発展の促進

　②域内の平和と安定の促進

　③経済・社会・文化領域における相互援助、相互協力の促進

　④農業・工業の一層の活用、貿易の拡大、運輸・通信施設の整備、国民の生活水準の向上の協力

などを図る、というものです。ここに明らかなように ASEAN は経済・社会・文化的領域における機能的な地域協力機構です。ただ、ASA と MAPHILINDO の結合の産物ともされ、当時の国際政治状況を背景として、防共的性格があったことは否めず、反植民地主義、反帝国主義、中立主義的性格も加わり、政治的な地域協力機構としての性格も備えていました。

　1970 年代に入り中国が国際社会に復帰すると、この地域の安全保障は特に重視されるようになりました。1971 年 11 月には「東南アジア中立化宣言」（クアラルンプール宣言）を行い、76 年 2 月には「東南アジア友好協力条約」（バリ条約）に調印、加盟諸国の政治的団結と中立化の動きを活発化させています。「東南アジア友好協力条約」（バリ条約）は、東南アジアの自由、平和、中立地帯宣言の基本精神を集約させ、条約化したものです。東南アジア諸国全般に加盟を開放して、社会主義化したベトナム、ラオス、カンボジアとの平和共存を目指すものでした。

　ASEAN は経済のみならず、日本、アメリカ、EC、オーストラリア等の国や地域アクターとの外交も展開しました。特に日本は ASEAN 工業プロジェクトへの資金援助や ASEAN 文化基金などを実施し、関係を緊密化してきました。このように ASEAN は EC と同様に、経済のみならず政治的にも重要な地域アクターとして成り立ってきたのです。

　1984 年にブルネイが加盟します。また 90 年代に入って加盟国が増えます。1993 年 AFTA（ASEAN 自由貿易地域）が発効され、関税率を下げ、

第12講

自由貿易地域を創設しました。1995年のASEAN外相会議でベトナムが加盟します。カンボジア和平の進展にともないカンボジア、ラオスも東南アジア友好協力条約を批准したためオブザーバーとして認められ、ミャンマーも出席しました。この会議の柱は、①安全保障（バリ条約）、②AFTA（ASEAN自由貿易地域）を主とする経済的自由貿易地域形成、でした。

1999年カンボジアなどの加盟が認められ、ASEAN10が実現しました。1997年から日中韓とのASEAN＋3の首脳・蔵相・外相会議が行われています。2003年には域内自由化対象をサービス・投資にも拡大へ合意しました。2015年12月AEC（ASEAN経済共同体）が発足しました。

ASEANは人口6億人以上を有する世界最大の地域機構となりました。そればかりでなく、世界的に見ても、今後経済発展が最も見込まれる地域として注目されています。しかし中国が南シナ海に人工島を造ってしまったり、政治的に不安定要素もあります。

日本はこの地域に経済的に大きな影響力を及ぼしてきましたし、政治的にもカンボジア和平に力を尽くすなど、重要な役割を果たしてきました。またアメリカがTPP（環太平洋パートナーシップ）協定交渉を離脱（2017年）する中で、TPP11をまとめ（2018年）発効させています。2020年11月にはRCEP（地域的な包括的経済連携）協定が、日本・中国・韓国やASEAN諸国、オーストラリア、ニュージーランドの15カ国で合意・署名されました。実に世界人口の3割を含む地域的な自由貿易圏ができたのです。ただ、インドが加盟を見送り、中国の影響力が大きくなると思われ、TPPがもともと中国包囲網といわれたことを考えると、こうした地域統合がどのような意味を持つようになるのか、日本の立場は微妙で複雑です。

コロナ騒動で中国偏重だったサプライチェーン（製品の供給網）の見直しが叫ばれていますが、この機会にASEANとの関係を考えるのもよいかもしれません。

＜設問＞

　次の用語の国際政治史上の意味を200字程度で説明しなさい。

① IGO

② NGO（INGO）

③ EU

④ ASEAN

⑤ RCEP

第**13**講

戦後中国外交の流れ

　中国が東アジアの大国である点は、戦後においても否定できません。後期の最初の方の授業で、中華人民共和国の成立までの歩みを見ましたが、この講では1949年10月の成立後の中華人民共和国の対外政策の歴史的流れを、1970年代くらいまで、概観していきます。

I　中国外交の特徴－穏歩と急進

　中国の政治・外交的動きの特徴としてよく指摘されてきたことは、中国の政治・外交は路線の「振り幅」が大きく、大きな「揺りもどし」が繰り返されてきた、ということです。つまり非常に穏健で平和的・友好的な政策をとる時期と、急進的で武断的・革命的な政策をとる時期とが、交互に来るのです。「穏歩と急進」、「平和的と武断的」、「友好的と革命的」という対比で語られる外交の「揺れ」「振幅」が繰り返され、時には驚くほど激しい「揺りもどし」がなされてきました。その路線の変化の要因の最も大きなものは、ひと言でいうならば、中国国内の政治や経済の路線の変換にある－つまり中国の国内建設上の諸問題や路線の変化に伴ってこうした外交上の変転が行われたということであると思われ、中国の国内建設とのからみでこの問題を考える必要があります。そのような点に留意しつつ、以下では中国外交の流れを、路線の転換にあわせて時期区分をしつつ概観していきます。

第13講

Ⅱ　時期区分

1) 第1期：1949〜52年　復興期

　第1期は1949年10月の建国から1952年くらいまでの時期で、この時期はようやく国共内戦が収まったものの、長き内戦で疲弊した国土の上に新しい国家を建設していかなければならない時期でした。いわば復興期です。この時期の国家的課題をあげるならば、次の三つになるだろうと思います。第一に、新国家の安全をどう保障するか、です。これについては、例えば社会主義国家の先輩であるソ連との提携を考えました。1950年に中ソ友好同盟相互援助条約を締結しています。中国は建国直後よりこうした条約に意欲を見せ、スターリンがあまり乗り気でなかったともされる中、2月14日に締結となりました。

　第二に、中国共産党の政治的体制作り、であります。新しい国家ですから、政治組織を整備し、人民を組織化していかねばならず、これに取り組みました。具体的には1950年6月に土地改革法を出しています。旧中国の大きな問題点は、官僚制と土地を媒介とした極端な社会的格差が存在したことです。広大な土地を所有する地主とこれに雇われ搾取される農民とに分かれていました。社会主義の世の中になった以上、こうした地主的土地所有を一掃するということです。簡単にいえば地主から土地を没収して農民にこれを分け与える、というものでした。それまで働いても働いても自分の土地が持てずに社会の底辺で生きてきた貧農や中農にとっては夢のような政策だったに違いありません。しかし地主にとっては青天の霹靂（へきれき）だったことでしょう。ここで地主は「反革命分子」と批判されました。これは圧倒的に農民が多かった中国社会における人民大衆の組織化政策でありました。こうして中国共産党は農民の心をつかんでいったのです。

　第三に、経済復興です。中国は、戦前は社会格差が大きく発展が遅れた上に、アヘン戦争以降、対外戦争に敗れ続け、軍閥間の戦争や日中戦争も経て社会の荒廃は進んでいました。戦後は国共内戦で国土は荒れる一方でした。そうした状況からの新国家建設です。経済の立て直しが必要でした。とにかく国家として財政のバランスをとり、極端なインフレを抑制しなけ

ればなりませんでした。経済の立て直しに関しては、中国側の主張では、1952 年頃までに、ほぼ戦前の最高水準までもどった、とされています。

　ところがこの期間中、東アジアでは、1950 年 6 月に朝鮮戦争が勃発します。成立間もない新国家の中国としては、こうしたことにはかまっていられない状態だったと思われます。しかし、中朝国境付近に迫り来る米軍の動きを察知して、結局、中国は「抗米援朝」のスローガンを掲げて朝鮮戦争に介入していったのです。この時中国は朝鮮戦争を自国の政治体制確立に利用したように思われます。要するに、反米ナショナリズムを鼓舞して、中国共産党を盛り上げ、反革命分子を鎮圧しやすくしようとしたのです。実際、国内では反革命分子の鎮圧が行われました。それが「三反五反運動」です。当初、党員や役人（官僚）の取り締まり運動として浪費・汚職・官僚主義の三つについて摘発が行われたのですが、そのうちこれが一般にも波及し、「五反運動」となって一般の資本家も対象とされるものに拡がっていきました。「五悪」として贈賄・脱税・詐欺・国有財産の横領・国家経済情報の不正入手の五つを取り締まり、追放する、といった運動が実施されていったのです。このように一種のキャンペーンを行って、政治体制を引き締める、といったやり方は、この後も中国の政策では何度も登場します。

2）第2期：1953 〜 56 年　過渡期の総路線

　第二期は、1953 年から 1956 年頃までです。この時期はいよいよ本格的に社会主義の国家建設を進めていく時期で、「過渡期の総路線」と称しています。これは中国の表現です。この時期の課題は、まず第一に、中国社会の社会主義的改造を進めていくことでした。中華人民共和国成立時には、社会主義とはいえ、国営企業もあれば個人経営の企業もあり、公私合営のものもありました。そこで社会主義国家にふさわしい集団所有制の徹底が図られます。個人経営は協同組合（合作社）を作って集団所有へ移行させるといった動きが見られました。

　第二は、中国における社会主義的工業化の推進です。1953 年から重工業化をめざす第一次五カ年計画が推進されました。ここにおいては、まず、重工業を集中的に発展させ、その後に軽工業、そして農業を発展させる、

とされたのです。世界史を顧みれば、先に農業が発展し、その後に軽工業が育成され、続いて重工業の発展が見られるというのが経済発展の一般的な形ですが、そうしたことは無視した中国の計画経済のやり方です。どこかでひずみが出て来るのではないかとも思うのですが、一応、中国側の発表では順調に進み、1957年には工業部門が超過達成されたということです。併行して1955年には毛沢東が「農業集団化の強化」を打ち出します。ここでは1956年後半までに、都市も農村も集団化を完了させた、とされます。

　1956年8月の第8回党大会において、劉少奇が政治報告を行い、「階級闘争はなくなった」と宣言しました。劉少奇は続く第8期1中全会において中央政治局常務委員に選出され、中央委員会副主席の筆頭となっています。いわば毛沢東に次ぐ位置にまでなっていきます。

　おそらく社会主義的国家建設が順調にいっているという判断のもとに、1956年初頭頃から「百花斉放百家争鳴」運動が始まります。これは中国共産党が呼びかけて、知識分子の協力を得るため学問、思想、文化、芸術などのあらゆる分野で自由な発言を奨励した、いわば「上からの自由化運動」でした。当時の世界は1956年2月にはソ連共産党第20回大会でスターリン批判が行われ、その影響もあり6月にはポーランドで暴動が発生し、社会主義の行方を巡って揺れ動いていました。

　そんな中で中国において共産党主導で2月に自由な発言を奨励したところ、4月くらいから中国共産党への批判、多党制の主張が出て来てしまいました。こうした状況は、中国共産党にとっては想定外であったにちがいありません。6月にはこのような発言を取り締まる弾圧が開始されます。こうして「反右派闘争」が開始されたのです。

3) 第3期：1957～61年　大躍進

　反右派闘争により政策は一気に急進的革命的路線に傾いていきます。このような中国の急進化は国際関係において重要な影響をもたらしました。中国の極端な急進化により、同じ社会主義陣営であるはずのソ連との路線の食い違いが生じ、これが中ソ対立になっていくのです。中国はソ連の社会主義を「修正主義」と批判するようになっていきます。

　1958年頃から中国は「大躍進政策」を打ち出します。毛沢東によって

提唱されたこの政策では、経済の「大躍進」の名の下に、合作社と地方行政機関を一体化させた人民公社を設立して全国的な大衆動員政策をとっていったのです。まさに革命精神を強調した労働動員政策でした。大躍進は開始当初は自然条件にも恵まれ農工業の増産が達成されたとされますが、労働を過度に集中させる方式は、それ以外の部門とのバランスをくずすことになり、結果として経済的な困難を助長することになりました。

　さまざまなところで語られている当時のエピソードには、おかしな話がたくさんあります。例えば、鉄は重工業の発展にとって重要だから、「皆で鉄を集めましょう」といったキャンペーンがあり、家にある鉄のものをすべて持って行った、鉄鍋等の類いはまだしも、農村で鉄を使った農具を供出してしまい、農作業に支障が出た、供出された鉄は学校の校庭のようなところで、たき火のような火にくべられ、使い物にならなかった、等といった話が数多くあります。また、例えば単位面積あたりの収穫をできるだけ多くするために、苗をぎっしり隙間無く植えることが奨励されます。しかし農業をする人なら誰でもわかることですが、ぎっしり植えることが生産性の向上に繋がらないことも多々あります。単位面積あたりの生産性を上げるために通常「間引き」をしたりするわけで、ぎっしり隙間無く植えるとかえって地力をいたずらに失い、結果的に生産はうまくいかなくなります。当時の雑誌には、ぎっしり植えた穀物畑の上に人民服を着た大人の男性がねそべっている写真が載っていたりしました。明らかにこれは嘘なのですが、このように生産性を上げるために頑張りましょう！とやったのです。ただこうした考えは全くのしろうと考えで、農業生産は落ち込み、餓死者まで出る始末だったようです。

　さらに1960、61、62年は中国で自然災害が多発し、加えて1960年にはソ連の技術者が一斉に引き揚げてしまったのです。ソ連は同じ社会主義体制をとる中国に自国の技術者を派遣してその国家建設を援助していたのですが、1950年代半ばから中ソの路線対立が出て来て、ついに1960年に技術者を一斉に引きあげ経済的に中ソが断交するといった事態に陥るのです。そうしたことがあって、この時期、中国の経済は悪化し、食糧が不足して多くの餓死者が出ました。その数は未だに明らかになっていませんが、数千万人には達するのではないかとされています。大躍進政策は完全な失敗でした。

4) 第4期：1962〜65年　調整期

　大躍進政策の失敗により、毛沢東は1959年に国家主席を辞し、変わって劉少奇がその座に就きました。劉少奇は何より経済を立て直して国民を「食わせる」ことを考えざるを得ませんでした。調整政策として彼がとった方法は、生産意欲を物質的側面から刺激して国民にやる気を起こさせよう、という方法でした。簡単にいえば、多く働いた者はその分多くもらえる、というものです。この調整政策の成果はすぐに現れました。1962年、63年には生産力の回復が見られ、この点からいえば劉少奇のとった調整政策は成功だったといえます。

　しかしこの状況に黙っていなかったのが毛沢東です。劉少奇のとった政策は資本主義社会では当然のことのようですが、集団化を追求してきた社会主義の原則からははずれるといえます。「集団化」つまり「皆で働き皆で分ける」というのが社会主義の原則だったはず、ということを突かれるのです。

　1965年の二中全会において毛沢東は「階級闘争を忘れるな」として、この政策を批判しました。この指示自体は毛沢東が1962年頃から出していたようですが、こうした宣言を出発点として中国はいわゆる「文化大革命」期に入っていくのです。

5) 第5期：1966〜69年　文革前期

　1966年5月16日に中国共産党中央政治局拡大会議が「中国共産党中央委員会通知」を通達します（五一六通知）。これは『海瑞罷官』という京劇の戯曲をめぐって、毛沢東が、大躍進政策の修正を求めた彭徳懐国防部長を罷免させた件を重ね、政治的な路線の対立が明らかになっていたのですが、通知は『海瑞罷官』を擁護したとした者を批判し、同時に中央や地方の代表者を資本家階級の代表として攻撃することを指示していました。後からふり返ると、これは明らかに大躍進政策で失敗し、劉少奇に遅れをとった毛沢東の政治的巻き返し策であったのですが、当時はそのような事実は見て取れませんでした。毛沢東といえども、大躍進の失敗から立て直した劉少奇を直接公けに批判することはできなかったのかと思います。結

局、「階級闘争を忘れるな」という原則論を持ち出し、人民の意識変革が必要である、として社会主義再教育運動といった形で批判の渦を広げていったのです。

　この時期、中国は極度に革命的路線をとり、中国社会は大変な破壊と混乱に陥りました。1966 年頃から「造反有理」（反逆には道理がある、暴力には理由がある）を掲げて、10 代が中心の若者の「紅衛兵」が全国で暴れ出します。この場合、「理」とは毛沢東思想を指します。要するに毛沢東思想にそったものならどんなものに造反してもよい、その行為には理由がある、というのです。この時期には教育の質が変わり、通常の学科の内容が「革命的」教育に変わりました。また、伝統的で貴重な史跡等が、「資本主義的」と名指しされ、破壊されるということも頻発しました。数多くの貴重な文化財や観光資源が失われたのは残念です。また、大学生くらいの若者は「下放」といって農村に追いやられ、そこで労働経験を積む、ということが行われました。

　1966 年 8 月の十一中全会で毛沢東は「実務派」の党幹部打倒を指示し、劉少奇は党副主席の任を解かれ、序列も下げられます。10 月以降は名指しで批判され、翌 1967 年には党内外から公然と「走資派」として批判され、ついには幽閉状態に置かれ、暴行も受けたようです。劉少奇は 1968 年 10 月の第 8 期拡大 12 中全会において中国共産党から永久に除名するとされ、失脚するのです。

　劉少奇の失脚が決定的となっていく 1967 年頃から、ある意味最大の目的を達成したこともあり、急進勢力に衰えが見られるようになりました。実際文革による大衆の暴走は指導部にとっても制御不能となってしまい、以降、中国政府はこれを沈める方向にいきます。

　1968 年頃から周恩来や林彪ら、劉少奇なきあとに残った幹部が混乱の収拾にあたるようになります。1969 年 4 月の九全大会において、当時毛沢東に次ぐ位置にいた林彪により「文化大革命は一段落した」と宣言されました。

第13講

5）第6期：1970〜76年　文革後期

　文化大革命が一段落したといっても、文革の混乱による爪痕がそれほど

簡単に消えるわけではありません。中国の国内では文革期に厳しい批判を受けた者が、政府の路線の変更で勢いづき、今度は反文革闘争が始まるのです。

　国内の混乱はまだまだ続き、1976年くらいまで続いたため、一般に「文革10年」とされています。ただ、対外関係は1969年の文革収拾宣言以降大きく変わっていきました。文革後期には中国の外交路線が急速に現実化するのです。

　文革前期には、限られた社会主義国以外の対外関係は断たれていましたが、混乱した国内経済を立て直すためにも、外国との貿易関係を復活させることは不可欠と考えられました。対外関係復交に乗り出した中国は以前より懸案となっていた国連における代表権を認められ、1971年10月に国連加盟を実現させました。この時に、それまで国連の常任理事国であった台湾（中華民国）が脱退し、常任理事国にはそのまま中華人民共和国が就くことになりました。

　このような流れもあり、1972年2月にアメリカの大統領ニクソンが北京を訪問し、米中接近が実現します。続いて日本も同年9月に日中国交正常化を成し遂げます。

6) 第7期　1977〜78年　過渡期

　中国にとって1976年はある意味で大きな転換点となりました。建国以来中華人民共和国を引っ張ってきた毛沢東と周恩来が亡くなったのです。まず年初の1月に周恩来が病気で没しました。周恩来は1945年の建国以来国務院総理を務め、特に対外政策をずっと中心的に担ってきました。若い頃に日本やフランスへの留学経験があり、「知日派」「実務派」として知られ、外交関係があまり得意とはいえない毛沢東の助けとなっていたことは事実でしょう。文革でも失脚せずに生き残って1972年の米中接近や日中国交正常化を推し進めました。しかしこの米中接近の実現は左派、「革命派」に批判の対象を提供しました。1972年以降、癌で体調が悪化する中で、この点を取り上げられ、責められ、76年の初頭に死去したのです。

　実務派の中心であった周恩来の死去は左派を勢いづかせ、一時期、「左からの巻き返し」があり、中国の路線は左傾化します。それを担っていた

のが「四人組」と言われる江青、王洪文、張春橋、姚文元らです。江青は
毛沢東夫人で、毛沢東の威光を背景に政治的な活動を行っていました。た
だこうした政治的動きに、すでに高齢であった毛沢東の意向がどれだけ反
映されていたのかは不明です。

　しかしこの年の9月に毛沢東が没します。毛の政治力をよりどころとし
ていた四人組は、後ろ盾を失い翌10月に逮捕となりました。これを契機
として中国の外交路線は急速に現実主義的路線になっていくのです。

7) 1979年以降　　「現代化」の推進

　四人組の逮捕以降、中国の政治・外交路線は一気に現実主義的な方向に
舵を切ることになりました。それが明確化したのが、1978年12月の三中
全会です。前年に復活した鄧小平の下で、党の工作の重点が、階級闘争か
ら社会主義現代化建設に移行することが確定しました。ここで農業、工業、
科学技術、国防の四部門での近代化（現代化）を今世紀（20世紀）中に
達成させ、中国の国民経済を世界の前列に立たせるといったことが掲げら
れました。この「四つの現代化」についてはすでに1960年代半ばには周
恩来が提起していたのですが、文革の社会的混乱で消滅してしまっていた
のです。

　これ以降、中国は改革開放政策をとり、対外関係は活発化し、また国内
経済の活性化をはかるために企業自主管理を容認していきます。中国がこ
うした道をとることによって、21世紀の今日、経済的にも軍事的にも大
国化した事実を私たちは知っています。ただ一般的に経済的に豊かになれ
ば人々は「自由」や「民主化」を求めます。共産党の一党独裁を続ける中
国でこれがすべて容認されるでしょうか？「民主化」を求める声に政府が
厳しい手段で対応した天安門事件（1989年6月）等も起こっています。
こうした体制においては、経済的な開放政策と政治的な引き締め政策のバ
ランスをどうとっていくかが、極めて難しい課題になっていくでしょう。

第13講

＜設問＞

次の用語を200字程度で説明しなさい。

①百家斉放百家争鳴運動

②大躍進政策

③文化大革命

④四つの現代化

第**14**講

戦後日中関係の流れ

I　基本的見方

　ここでは 1949 年 10 月の中華人民共和国成立以降 1970 年代までの戦後の日中関係の流れを、追っていきます。前講の中国外交の動き－穏健な平和友好的な路線と急進的武断的革命路線を繰り返した振れの大きな路線の変化が、そのまま対日関係にも反映されます。したがって時期区分は当然、前講の中国外交の時期区分と重なります。

II　時期区分

1）第 1 期：1949 ～ 52 年

（1）建国期の中国の対外政策

　建国直後の中国の課題は、前講でみたように、国家の安全保障、政治体制作り、経済復興なのですが、このうち対外関係に最も直接的に関係するのは安全保障の問題です。冷戦が顕著になっていったこの時期、日本や中国にとって国家の安全保障をどうするかという点に大きくかかわるいわば象徴的できごとがふたつあります。

　一つは、中国が 1950 年に同じ社会主義陣営であるソ連との間で中ソ友好同盟相互援助条約を結んだことです。これによって、例えば日本または日本と結んだ第三国が中ソを攻撃した時には一方が他方を援助するという

234

ことになります。

　もう一つは、1950年6月25日から朝鮮戦争が勃発したことです。通常、国家が新しくできたばかりの時には、対外戦争を行う余裕はありません。国内をどのように固めるか、が先決になります。しかし、建国1年目をようやく迎えようとする中国は、アメリカが中朝国境に迫ってくるという状態に危機感を募らせ、北朝鮮の支援のために軍を出すのです。中国にとって韓国を後押ししたアメリカが中朝国境にまで迫るといった状況は、「北朝鮮の民族解放に対する米国の挑戦」である、と映りました。アメリカと中国はかつて第二次世界大戦中には同じ陣営にあったものの、戦後に中国が共産主義国家となってからその関係が模索されていました。それが、ここで戦争となり、「米中対決」の時代に入っていったのです。

（2）日中関係

　日本は戦後すぐの時期は、事実上のアメリカの占領下にありました。中国の日本に対する見方には厳しいものがありました。1949年末の世界労連のアジア太洋州地域会議における劉少奇の演説では、「二つの世界の対立」を指摘し、民族解放闘争を支援する姿勢を鮮明にします。これは社会主義国家の一般的な見解といえますが、対日政策もこうした見方に則ったものであった、と考えられます。すなわち、日本はアメリカと一体となって日本帝国主義・軍国主義を復活させようとしている、とし、これを阻止し日本を社会主義化させねばならない、といったものであります。このような対日姿勢は、朝鮮戦争後に特に鮮明になっていったのです。

　1950年1月には、恒久平和と日本共産党批判がなされます。これはいわゆる「愛される共産党」「民主人民戦線」などを掲げ、皇室容認等許容範囲の広い柔軟な路線を打ち出した野坂参三路線の日本共産党への批判でした。こうした中国の批判は日本共産党内部の路線争いに影響を与え、党内で自己批判が行われ、その流れを汲む者が「火炎ビン闘争」等武装闘争を起こしていきます。ただこのような武装闘争は1952年頃から下火になっていきます。

　朝鮮戦争により日本の再軍備の必要性が再認識され、1951年9月にはサンフランシスコ講和条約が締結され、日本は占領下から脱することになりました。この条約で日本は西側資本主義陣営の一員として位置付けられ、

同時に日米安全保障条約を締結、憲法上の戦争放棄の一方で軍備に関しては
アメリカに頼るといった日本の対外政策の基本的な構造ができあがった
のです。

　中国はこの講和条約は中ソを敵視させ脅威を与え、新しい軍事条約となる
もの、と見たようです。しかし一律に日本を敵視したわけではありませ
ん。中国は日本を、日本共産党が指導する日本人民と日本共産党と、アメ
リカ帝国主義と結んだ反動分子・反動的支配階級、の二つに分け、中国と
しては日本人民が勝利する立場をとる、としていました。

　この時期の中国の対日政策の大きな目的は、①日本人民を勝利させ、そ
れによる人民政府を樹立させること、②台湾の解放、でした。こうした中
国の姿勢は日本共産党に影響を与え、日共は暴力闘争へ走り、講和条約を
めぐり政治的対立を深め、中ソを除いた講和条約締結を批判したのです。
しかし日本政府の政策は基本的には変わることなく、アメリカからの圧力
もあって、結局、台湾（中華民国）との間で 1952 年に日華平和条約を締
結します。日本はこの段階では台湾を中国の正統政府として認め、外交関
係をもつことにしたのです。

　ただし、経済関係では大陸中国との間に若干の動きがありました。まず
日中貿易が再開されます。ただこの時期には、ココム（COCOM、対共産
圏輸出統制委員会）により輸出が制限され、またその下部組織であるチン
コム（CHINCOM、対中国輸出統制委員会）が中華人民共和国の貿易の調
整にあたり、禁輸品目も多くありました。そんな中で、1952 年 6 月に第
一次日中民間貿易協定が締結され、輸出入各 3000 万英ポンドとされまし
た。ただ中国側が希望する重工業建設資材や機械類は禁輸品目になってい
るものも多く、第一次協定の遂行率は 5％程度にとどまりました。

2）第 2 期：1953 〜 56 年

（1）中国対外政策の変化

　この時期、中国側の路線が変化していきます。換言すると帝国主義陣営・
資本主義陣営との対立路線を変えざるをえなくなるのです。その原因とし
て考えられるのは、第一に、この時期、中ソによる資本主義陣営との全面
対決路線が行き詰まりを見せていたのです。インドやマレーシア、フィリ

第14講

ピン、等における社会主義の浸透政策が必ずしもうまくいきませんでした。第二に、これまでソ連社会主義を先導し、冷戦の立役者であったスターリンが1953年3月に亡くなります。第三に、同じ1953年7月には朝鮮戦争やインドシナ戦争が休戦となり、1954年6月に中国はインドとの間で平和五原則（領土、主権の相互尊重、相互不可侵、相互の内政不干渉、平等互恵、平和共存）を確認し、翌55年のバンドン会議においてこれを平和十原則に拡大するという平和的路線の流れがありました。

(2) 日中関係

　この時期、中国の国内は復興期から本格的な国家建設へ向かわねばならない時で、1953年から第一次五カ年計画に着手して経済的発展を目指します。対外政策はこうした状況にあわせた平和共存外交をとるようになりました。対日政策でもこれまでとはひと味違った動きが見られます。1953年9月には、周恩来首相と大山郁夫参議院議員が会談します。1954年10月の中ソ共同宣言には、日本との国交正常化に向かって努力をする旨が示され、徐々にそれに向かう「積み上げ方式」が提示されます。日本政府が選挙によって選ばれたものであればこれを日本人民の代表として認めようというのです。

　中国はこうしたこれまでにない柔軟な姿勢を示す一方で、台湾に関しては頑なで、台湾を認めることは「二つの中国」を認めることになるため、これには反対する、といった主張は譲りませんでした。

　この時期といえば、日本では鳩山一郎－石橋湛山－岸信介が政権をとった時期です。鳩山は当初中国との国交正常化に意欲を持っていたようですが、アメリカとの関係や台湾問題等超えなければならない問題が山積していることから次第にその考えを後退させ、代わって日ソ国交正常化に乗り出し、これを実現させました。石橋湛山は中国との国交正常化に強い思いを抱いていたとされますが、病に倒れ、政権を岸信介に譲らざるをえませんでした。岸も始めは中国との関係改善に積極的だったようですが、親米親台湾のイメージが強い総理で東南アジアや台湾を訪問して中国から批判を浴び、日中関係が冷え込む要因となりました。

　ただ、この時期日中の貿易関係は発展します。第二次日中民間貿易協定が1953年10月に、第三次日中民間貿易協定が1955年5月にそれぞれ輸

出入3000万ポンドで締結され、遂行率も38.8%（第二次）、156.39%（第三次、第三次は予定を1年間延期）と伸ばし、協定文に付された覚書に貿易代表機関の設置も謳われるようになりました。こうした動きにともない、人的交流も増していきます。

3）第3期：1957〜61年　大躍進

(1) 大躍進政策

　第2期は中国が第一次五カ年計画に着手し、経済的にも本格的な国家建設に乗り出した時期でした。第3期は「大躍進政策」の時期で、中国の路線が革命的な方向に揺れ、社会主義のイデオロギー的純粋性が追求された時期です。修正主義批判がなされ、革命の純粋性の追求が求められました。こうなると、対外政策は強硬化していきます。

　マルクス主義の理論によれば、下部構造の変化が上部構造も変える、そして階級関係も消滅する、としていますが、毛沢東は下部構造の変化が必ずしも上部構造の社会主義化につながらない、中国は1949年に社会主義国家として出発したものの、依然ブルジョワ的要素が残存している、したがって、階級闘争も残っているはず、としてそこから修正主義批判を行っていったのです。毛沢東によれば修正主義が制度上に現れたのが官僚主義であるとして、官僚主義の批判を行い、一般大衆に対しては人間の心の革命化が必要である、としたのです。このような空気が整風運動となり、中国共産党への批判が顕著になってくると反右派闘争が行われたことは前講で学びました。

　こうした革命的な路線は、対外政策にも影響を与えます。1957年11月モスクワを訪れた毛沢東は、そこで「東風は西風を圧する」として社会主義の優位を高らかに謳います。この年ソ連は史上初の人工衛星の打ち上げに成功し、社会主義陣営には自信がみなぎっていました。翌58年5月にはユーゴスラビアに対し、修正主義であるとして激しい批判をしています。夏には中近東の政情に対し、帝国主義批判を行い、また金門島をめぐって中華民国軍と砲戦が勃発しました。1959年には中印国境紛争があります。

(2) 日中関係

　そんな情勢下で日中関係も厳しい時代に入っていきました。1957年2月に組閣した岸信介首相は、台湾寄りの姿勢がめだち、中国の失望を招きました。そうした中で第四次貿易協定交渉が行われましたが、通商代表部設置問題で難航します。国交がない以上あくまで民間の通商代表部なのですが、人員をどうするか、外交特権を与えるか、指紋をとるか、国旗掲揚を認めるか、等様々な点で日中間の思惑が異なり難しい交渉となりました。日本側は国交を認めていない以上、その段階に留めた対応をすべきとの見解でしたが、中国側はこれを契機として一気に中国承認までもっていきたいという思惑があったのです。

　交渉は1957年10月末に一端中断しますが、58年2月22日に再開し、最終的には相互に代表部を置き、代表部員の安全保障・出入国便宜を図り、国旗を掲げる権利を有する、等を骨子とした覚書をつけることで3月5日に第四次協定をほぼ締結というところまでいきました。中国側の強硬姿勢に日本は最大限の譲歩を見せ、中国の五カ年計画を考慮し、日本政府はこれを後ろ盾する形としましました。ところがこれに反発したのが台湾です。台湾は3月12日に抗議してきました。日本政府はこれに動揺し、愛知揆一外相が声明を発表します。日本としてはあくまで北京を承認しないという前提のもとに日中貿易を進めたいわけですが、中国はこれを中国承認に向かっての一歩としたい政治的な思惑があるのです。協定と覚書は日中両政府の承認を条件としていたのですが、岸内閣は対中国貿易の発展の必要性は認めたものの、あくまで民間である通商代表部に対し特権的な公的地位を認める意志はなく、国旗掲揚も認められない、という回答を行いました。中国側は岸内閣を非難し、窓口である中国国際貿易促進委員会の南漢宸首席は第四次貿易協定を、封を切らないまま突き返すという厳しい態度に出ました。

　そんな中で1958年5月2日に長崎国旗事件が起こります。長崎のデパートで行われた中国切手剪紙展会場に掲げられていた中国国旗を一右翼青年が引き下ろす、という事件でした。民間人が起こした行動ですが、その処理もあいまって中国は日本政府を批判し、これを口実として対日貿易を断絶したのです。日中関係が悪化している時期とは言え中国が貿易中断に踏み切った理由には次のような情勢判断があったと思われます。第一に、日

本経済はアメリカの庇護の下に発展してきた経済であり、アメリカの景気後退で日本はどこかに活路を見出さざるを得なくなり、中国に向かわざるを得ないはずである、第二に、中国が対日接近を図るためには、岸内閣の考えを変えるか倒すかしなければならないが、景気後退は岸内閣を苦しい状態に追い込む好機である、第三に、日本でも革新勢力が育ってきている、以上の状況から日本を変える状況にある、と考えたようです。

　ただ中国のこの情勢判断は必ずしも当たりませんでした。アメリカの景気は回復し、岸内閣はこの夏の選挙で勝利となり、革新勢力は期待したほど社会的な影響力をもっているとは思えませんでした。中国としては対日政策を再検討しなければならなくなります。隣国である日本に大陸中国を認めさせ正式な外交関係を築くことは、中国としては極めて重要なことだったのです。もう一度、日本との関係を立て直さねばならない、このように認識していました。

　きっかけは野党の存在でした。8月に社会党の党国際局長を務めた佐多忠隆参議院議員が訪中し、中国側はいわゆる「政治三原則」を示します。すなわち、中国を敵視する言動・行動の停止、二つの中国を作る陰謀の停止、日中両国の正常関係の回復を妨げない、というものです。1959年には社会党・総評が中国側の中華全国総工会との間で、配慮物資取引を取り決めます。これは中国が中国に依存度が高い生うるし・タルク・甘栗・漢方薬・中華料理材料などを扱う日本の零細業者に配慮して貿易再開に同意したものです。日本でも一部の企業が将来の中国市場に期待を寄せて、貿易再開を求める声がありました。

　とはいえ大局的流れから見れば日中貿易の本格的再開は、中国がその必要に迫られたことによるといえます。中国では1950年代後半の大躍進政策の失敗や自然災害のため、食糧危機が深刻化し、その上1960年7月にはソ連からの援助も打ち切られ、ソ連に代わる新たな通商ルートの確保が必要となったのです。8月に中国側は一定の条件の下で民間取引が可能であるとした「対日貿易三原則」を提示しました。これで個別の取引が可能になります。そして中国側に友好的と認められた友好商社による「友好貿易」が始まりました。ただこの友好貿易は、中国側に「友好的」と認められた商社だけに開かれた貿易ですから、日本の商社が貿易を行うためには、台湾問題等の中国側の政治的主張を全面的に受け入れる姿勢を強いられ、

第14講

取引の条件も中国側の意向が強く反映するものでした。

4）第4期：1962～65年　調整期

（1）調整政策

　大躍進政策の失敗に加えて自然災害やソ連技術者の引きあげもあり、中国の経済的困難は深刻でした。その救済に乗り出したのが、当時毛沢東に次ぐ位置にあった劉少奇<ruby>劉少奇<rt>りゅうしょうき</rt></ruby>です。劉少奇のとった政策－「調整政策」は、人民の生産意欲を刺激して生産性を高める、ということに重きを置くものでした。簡単にいえば「働いたら働いた分だけもらえる」というもので、物質面から人民に刺激を与え、生産意欲を引きだそう、という現実的な政策でした。その成果は顕著に表れます。1962年、63年には生産力の回復が見られます。劉少奇のとった政策は、現実的な政策であったといえましょう。

（2）日中関係

　対日政策もこの時期は柔軟化します。大きな要因は中ソ対立が顕在化したことです。1950年代半ばから中国がとった強硬路線は同じ社会主義陣営の中のソ連との齟齬を生み出します。これが顕在化したのは、1960年のソ連技術者の一斉引きあげです。中国の援助という形で来ていたソ連の技術者が、一挙にソ連に引きあげてしまったのです。これで世界中に中ソ関係の険悪化が知れ渡りました。中国としては同時にいくつもの敵を抱えることは避けたいわけで、ソ連との関係が悪くなれば、日本との関係は改善せざるを得ません。当然、対日柔軟政策をとるようになります。この時期、1962年9月には松村謙三衆議院議員らの訪中団を受け入れ、日中貿易再開の道をつけ、同年11月には高碕達之助と廖承志<ruby>廖承志<rt>りょうしょうし</rt></ruby>との間で覚書をかわして「LT貿易」が開始されます。このLT貿易は日本政府も了承の上で発足したもので、いわば準政府間貿易の性格を持つものでした。

　覚書に基づいて1963年8月に倉敷レイヨンのビニロン・プラントの輸出が決定します。これは日本輸出入銀行の資金の適用を前提とした大きな契約で、総額72億円、金利6％延べ払いで許可されました。しかしこれに対する台湾とアメリカの反対は強く、63年末には「周鴻慶事件」（通訳

として来日した周鴻慶の亡命事件）が勃発、日台関係が険悪化してしまい
ます。関係修復のために首相経験者の吉田茂が訪台し、張羣政府秘書長宛
に書簡を提出し、大陸中国向けのプラント輸出に輸銀資金を使わせないこ
とを台湾側に約束しました。これは中国側を失望させます。日本政府は第
二号、第三号のプラント輸出の承認を見合わせることになり、その他のプ
ラントの商談もキャンセルとなりました。

　中国側が「政経不可分」の原則で、貿易関係の発展を政治関係の改善に
結びつかせたい思惑があったのに対し、日本は「政経分離」を原則とし、
台湾との関係もあり、貿易関係の発展を大陸中国との国交正常化に繋げる
つもりはなかったのです。

5) 第 5 期：1966 ～ 69 年　文革前期

　前講で述べたように、1966 年半ばから中国が「文化大革命」と称して
極度に革命的路線をとるようになります。この時期、これまでなんとか積
み上げてきた日中関係は一気に停滞することになりました。

(1) 文革開始と中国外交

　この時期の中国は、国内で極度に左翼的社会主義路線をとり、「資本主
義的」とみなされる勢力や事柄の一切を否定し、追い詰めていきました。
対外政策も極度に革命的となり、ごく少数の国に対して「支援」をすると
いう姿勢をとる以外には、対外関係はほとんど断ってしまいました。一時
はエジプト等を除き各国の大使も引きあげざるを得ない状態となりまし
た。スポーツ等の国際的な大会にも一切参加しませんでした。

　一方で国際情勢は厳しさを増し、流動的でした。中国は、「毛沢東の敵」
の劉少奇の路線を評価しようとするソ連に対し、ますます「ソ連修正主義」
批判を強め、中ソ論争は一層激化しました。そんな中でソ連は 1968 年に
チェコスロバキアに軍事介入し、いわゆる「ブレジネフ・ドクトリン」（あ
る社会主義国にとっての脅威は社会主義諸国全体の問題である、として介
入を正当化した見解）を出し、社会主義諸国に衝撃を与えます。無論中国
にとっても大きな衝撃で、ソ連を「社会帝国主義」と認識し危機感を強め
たのです。1969 年には珍宝島事件（ダマンスキー島事件）がおこり、中

第14講

ソは国境線をめぐり衝突、中国はこれ以後 70 年代を通じてソ連を「主要敵」と設定するようになるのです。

　またアメリカは 1965 年より北ベトナムに対して北爆を開始し、ベトナム戦争に対する介入を本格化させました。このことは中国をさらに刺激したはずです。中国は対外関係をほとんど断ち、いわゆる「造反外交」を標榜します。アメリカのベトナム介入はアメリカの財政を圧迫し、アメリカ社会の分裂も招き、結局アメリカは 1969 年 7 月にグァムドクトリンを発表、アメリカのアジアからの撤退という方向性を示したのです

（2）日中関係

　この時期、対日関係もほぼ断たれた状態になりました。すでに述べた LT 貿易によって、一時中断されていた日中貿易がおよそ 4 年半の歳月を経て準政府協定にまで至り、友好貿易も併行して貿易額が次第に回復基調に乗ったのでしたが、文革により 1967 年、68 年は貿易が停滞します。特に準政府間と謳った覚書貿易の停滞が目立ち、中国主導の友好貿易は落ち込みが少なかったのです。中国はこの時期、佐藤栄作内閣の批判を厳しく行っています。

　さらに特筆すべきことはこの時期、日本共産党と中国共産党の関係が決定的に悪くなったことです。前述しましたが、日本共産党と中国共産党の路線の相違からくる両党の関係悪化の芽は 1950 年代初頭からくすぶっていました。ただし関係悪化の顕在化は 1966 年とされています。日本共産党内の路線対立に 1950 年代後半からの中ソ対立もあり、日本共産党は中国とソ連の社会主義論争の狭間で揺れ動いていました。

　両党の関係を決定的に悪化させた直接的な要因が、1966 年 2 月から 3 月にかけての宮本顕治書記長を団長とした日本共産党代表団の訪中であったといわれています。一行は中国、北ベトナム、北朝鮮の 3 カ国を歴訪し、中国で共同コミュニケを発表しようとしたのですが、その際に行われた毛沢東と宮本の会談が不調に終わり、発表に至らなかったのです。日本共産党代表団の目的はアメリカの「ベトナム侵略に反対する国際統一戦線結成のため」でしたが、この「国際統一戦線」にソ連を入れるか否かで交渉が紛糾したのです。中国共産党としては従来の「反米統一戦線」からソ連を排除し、「反米反ソの国際統一戦線」を主張したのですが、ソ連を名指し

で批判することは日本共産党には受け入れられるものではなかったのです。これ以降中国の政治・対外路線は極端に左翼化し、いわゆる「反修正主義闘争」をくり広げ、日本共産党を「修正主義」と批判し、日本共産党もこうした中国共産党の動きを公然と批判し、関係は悪化する一方でした。

6）第6期：1969〜76年　文革後期

（1）文革収拾宣言

前講で触れたように文化大革命は毛沢東のライバルであった劉少奇らに対する毛がしかけた奪権闘争という側面があります。その劉少奇ら多くの政治家や文化人が批判され失脚し、国内政治や社会が大きな混乱をきたしました。1969年4月に当時毛沢東に継ぐナンバー2とされた林彪により文革収拾宣言が出され、新たな段階に入りました。

（2）対外関係の流れと日中関係

前述のように文革期に入って中国の対外関係はほとんど断たれ、隣国のソ連とは国境紛争を契機に最悪の状態となり、両国がお互いを公然と批判する、という状態でした。無論、アメリカを「米帝国主義」とすることに変わりはなく、中国の国際的孤立は明らかでした。一時は国交があったのがタンザニアとアルバニアのみといった状況であったとされます。

さすがにこうした状況を長く続けることはできないと判断し、また文革で荒廃した国内社会の立て直しも必要となり、文革収拾宣言があった1969年頃から中国は国際的孤立からの脱却を試みる動きをとりはじめます。

1969年秋にはカナダの中国承認がなされます。これはテイクノート（take-note：留意する）方式をとります。それまで中国は相手国が「台湾は中国の不可分の領土」と認めない限り国交樹立を行わなかったのですが、カナダはこの問題を「テイクノート」したとして、国交が成立したのです。同様にイタリアとも国交樹立、またクウェートとは台湾問題について少なくとも表面的には触れずに国交を成立させたのです。

さらに国連加盟についてもこれまでよりは柔軟な姿勢を見せ、議席獲得のための条件を緩和するといった態度をとりました。中国の国連加盟につ

第14講

北京の人民大会堂で日中共同声明文書をかわす田中角栄首相と周恩来首相。（読売新聞社提供）

いては、国連の重要事項に指定されていて、総会で過半数ではなく3分の2以上の賛成が必要となっていて、それも加盟に際しての壁となっていたのですが、1969年以降一気に大陸中国を認める流れとなり、結局1971年秋に中国の国連加盟が認められました。入れ替わりに台湾は国連を脱退します。

　こうした国際的流れの中で、1971年夏にアメリカの大統領が翌年に中国を訪問するという発表があり、72年2月に当時のアメリカ大統領ニクソンが北京を訪れる米中接近が実現しました。

　このような国際的流れの中で当時の佐藤栄作内閣はマスコミや財界から対中政策の遅れを追求されます。佐藤内閣は外交政策の継続性を大切にし、対中国交回復には慎重な姿勢をとり続けました。しかしそれまで日本が台湾を正式な中国と認めていたことの根拠は、アメリカの意向、国連の意向、台湾に対する恩義、といったことがあってのことでしたが、少なくとも1972年の初頭までにこのうち二つは変わったわけです。台湾を認め、大陸中国を認めない、という政策を採り続けることは、かえって不自然な状況でした。結局、1972年7月に田中角栄内閣が発足すると、早々に日中国交正常化実現の動きとなり、1972年9月に日中国交正常化が成立した

のです。

7）その後

　国交成立は、「共同声明」という形で実現し、いわゆる平和条約の締結はお預けとなりました。また国交は成立したものの、実務協定の締結には現実的利害がからみ、不安要素がぬぐえない点がありました。とはいえ日中国交正常化に際しての国民的日中友好ムードの盛り上がりは大きく、すぐにでもこれらの問題を乗り越えられるだろうといった根拠のない楽観論が日本社会にあったことは事実です。

　しかし国交が成立したからといって、日中間の現実的な問題がすべて解決したわけではありません。1974 年 1 月に貿易協定、4 月に航空協定、11月に海運協定が、また 1975 年 8 月に漁業協定が締結を見ました。中でもこの航空協定の交渉は台湾問題とのからみで難航します。中国側が台湾の航空会社である中華航空の同時乗り入れを拒否し、「中華航空」の社名変更と機体の青天白日旗（国民党の旗）を除去することを要求してきたのです。日本としては中華航空を国家を代表する航空会社として認めていないし、青天白日旗を国旗として認めているわけではない、と表明し、やっと条約締結に至りました。ところが今度は台湾側が反発し、協定調印のその日に日台航空路線の停止を通告してきました。台湾との間は、日中国交正常化にともなって、外交関係は断絶となりましたが、経済関係は双方にとって極めて重要です。日台は交渉を重ね、1975 年 8 月にようやく日台航空路線再開にこぎつけるのです。ただし、台湾の航空会社は成田空港は使えず、羽田空港でのみ発着が許されるということになりました。

　航空協定交渉におけるこのような経緯もあって、日本側も日中平和友好条約の締結にはある程度時間をかける必要があると認識します。ただ中国側は早期の締結を望んでいたようです。1974 年 11 月中国外交部次官・韓念竜が来日して予備交渉が開始することになりました。平和条約交渉では台湾問題は触れないことにしたのですが、「覇権条項」の問題で紛糾することになりました。中国が「覇権反対」を条約に明記せよ、としたのに対し、日本としては中ソ論争に巻き込まれ、対ソ関係が悪化しかねない条項を入れることには反対でした。

　交渉は難航し、そうこうするうちに 1976 年 1 月に中国の対外政策を一手に担ってきた実務派の周恩来が亡くなり、9 月には毛沢東が亡くなってしまいます。日本でもこの年の 12 月に福田赳夫内閣が成立し、就任早々に日中平和友好条約の早期締結に意欲を見せます。日本では 1973 年末の石油危機以来の世界的不況がようやく回復の兆しを見せはじめ、対中貿易改善を望む声があり、中国では文革による遅れを取り戻すためにも日本の科学技術や資本を導入する必要に迫られていました。とはいえ 1976 年の中国側の指導者交代による政治的混乱や 78 年 4 月の中国漁船尖閣列島領海侵犯事件等があり、交渉は必ずしも順調に進んだわけではありませんが、経済的立て直しを急ぐ中国と、外交上の成果が欲しい福田赳夫政権の間で、1978 年 8 月に日中平和友好条約締結となりました。争点の「覇権条項」は、第二条として入れられることになり、第四条に「この条約は、第三国との関係に関する各締約国の立場に影響を及ぼすものではない」といういわゆる「第三国条項」が付されました。

　中国側が日中関係を進展させた大きな要因は、文革で混乱した中国社会を立て直し経済的遅れを回復させるために、日本の資本や技術の導入が必要とされたからです。それゆえ、日中経済関係は大きく拡大することになったのです。1972 年 9 月の国交回復直後にはそれまでの MT 貿易（覚書貿易、LT 貿易の後身）協定に代わって政府間協定が締結され、従来英ポンドを決済通貨としてきたのが、「円・元直接決済」の協定が結ばれ、対中輸入の際に義務づけられていた輸入事前許可制も廃止されます。1974 年からは米ドルが日中貿易の決済に使われるようになりました。

　国交回復以降 70 年代を通じて日本の中国に対する大型のプラント輸出が成約し、日本は中国ブームに沸き立ったのです。一方で、立て続けに成約した大型プラント輸出は当時の中国の支払い能力を超え、混乱をきたしました。1978 年 12 月の中国の三中全会において契約の再検討が提起され、宝山製鉄所など一部の契約発効を見合わせることを中国が一方的に通告する、といった事態に発展しました。この三中全会では実務派の鄧小平が主導権をとり、「四つの現代化」が国家の最重要課題として位置付けられ、中国の路線は完全に改革開放政策に舵を切ることになりました。こうした路線下では日本の経済力は極めて重要な要素となり、日本も中国の現代化政策に協力し、その安定的発展を確保することが東アジアの安定に寄与す

る、との判断の下に、巨額の ODA を中国に供与することになるのです。

　中国建国以降 1970 年代までの日中関係の流れをざっと追いましたが、これを概観すると次のことがいえると思います。　一つは、日中関係は、中国の政治的路線の動きに大きく左右されてきた、ということ、そしてもう一つは、日中関係の良し悪しは、周りの国との関係に左右されるということです。中でも中ソ関係とは対称的です。つまり中ソ関係が悪い時には、中国はその他の国との関係を良くせざるを得ないため、日中関係は良好になりますが、中ソ関係が良好だと、日中関係を良くする必要性が少なくなるということです。中国は大国ですが大国ゆえに国境を接している国家が多く、多民族統治の難しさもあり、厳しい外交政策をとってきました。この点、日本とは大きく異なるということを覚えておいて欲しいと思います。

＜設問＞

１，次の用語について日中関係史上の意味を200字程度で説明しなさい。
　　①長崎国旗事件
　　②LT 貿易
　　③覇権条項

２，日中国交回復成立の国際的背景をまとめ、その成果と問題点を800字程度で書きなさい。

第15講

まとめ

　これで今年度の授業は終わります。年間を通せば 19 世紀後半以降近年に至るまでの東アジアをめぐる国際関係を学んできたことになります。年数にすると 140 年から 180 年程にしかならない歴史において、東アジア諸国の立ち位置は大きく変化してきましたし、これからも変化していくことが予想されます。

　長く華夷秩序の中にあった東アジア諸国において、19 世紀後半の「西欧の衝撃」のもたらした近代化の波にいち早く対応して近代国家としての道を歩みだしたのは日本でした。欧米諸国が帝国主義国家としてアジアにまで力を伸ばしてきた中で、日本は新参の近代国家として日清戦争、日露戦争を戦い、近隣アジア諸国に植民地を得ます。そして第一次世界大戦で勝ち組の一角を占め、日本は、ついに欧米列強と肩を並べる国家として認められるようになっていきました。

　しかし強い国になるということは、それに対して脅威を抱き、反感をもつものも出て来るということでもあります。その一つが米国でした。米国との関係は日露戦争以降単純ではなく、太平洋を挟んだライバルとされるところもめだつようになっていきます。

　近隣アジア諸国は、西欧的近代化を取り入れた日本の国家建設について、西欧化を手っ取り早く学ぶモデルとみる一方、日本との関係と自国の政治的立ち位置との間で大きく揺れていた面があります。そこに芽生えた民族主義的政治的潮流は、日本の対外政策と決して無関係ではなく、それどころか、日本の対外政策が生み出したまぎれもない結果であると認めざるを得ないのです。

　日本は日清戦争・日露戦争を経て台湾や朝鮮半島、南樺太を自国の領土

とします。当時は西欧列強がアジア方面に進出し、様々な所を植民地としていました。そんな状況は、日本が日中戦争や太平洋戦争に乗り出す際に、「アジアを解放する」という「崇高な」目的を掲げる伏線になっていきます。

　日本は1930年代初めに満洲事変を起こしたのを皮切りに、中国大陸に進出し日中戦争に至ります。このことは中国の民族的危機感を刺激し、辛亥革命以降軍閥割拠の政治的分裂状態にあった中国国内の政治勢力の結集を促しました。それは国共合作を成立させるベクトルとなったのです。

　満洲事変以降の日本の動きは米国を大いに失望させ、日本より中国に期待をかけるようになっていくのです。日本は国際連盟や軍縮条約から脱退し、国際的孤立化の道に入っていくのですが、同じように国際的孤立の道を歩むヒットラーのドイツと接近し、日独伊三国軍事同盟を締結して米英等と対立、結局太平洋戦争でこれらの国と戦争に入るのです。こんな形で第二次世界大戦の一翼を担うことになったのですが、これが今のところ日本が国家として実際に参戦した最後の戦争でありました。この戦争で日本は敗戦を喫し、戦後は占領下で独立さえ認められていない状態から出発せざるをえませんでした。

　戦後は冷戦が世界的広がりをみせ、日本はその中で西側資本主義陣営に位置付けられます。戦争の反省もあり、戦争放棄を謳う平和憲法を掲げ、安全保障の面では米国頼みで、もっぱら経済的な面で国際的な存在感を高めてきました。

　二つの世界大戦を経て世界はもう二度とこのような大きな戦争を起こしてはならない、との思いを強く持ちました。戦後の国際システムはそのような思いの上に作られたはずでした。しかし実際には後期の授業で学んだように、戦争やそれに繋がる紛争は、絶えることがありませんでした。

　そもそも異なる価値観や歴史を背景とした国家や民族が多数存在する国際社会では、摩擦が起こることは避けられないのかもしれません。そこが国際政治の根本的に難しいところといえます。「冷戦」は核兵器が開発されたゆえにありうる状態で、核を使った「熱戦」を起こしてはいけない、という合意のもとに存在し得ていたものでした。私たちが平和に暮らしているのは、そうした合意があってこそのものなのですが、ともするとその状態に慣れてしまい、このことを忘れてしまいます。しかし平和な状態は絶対的なものではなく、一皮むけば紛争の芽は常に存在しているのです。

　この文章を書いているまさにその時にも、ロシアのウクライナ侵攻が行われています。ロシアの動きが危ないことは、数年前のクリミア侵攻の時から誰がみても明らかでした。しかしまさか21世紀のこの時代に、独立した国家であるウクライナをロシアが戦車やミサイルで攻めるとは予想したでしょうか？ロシアは国際連合の常任理事国でありますから、国連の拒否権を持っています。法的拘束力をも持つはずの国連安保理の決議として、ロシアの侵攻に反対し非難することは、ロシアの反対がある限りできません。ロシアの行為を制するさしたる有効な手段が見つからないままに、戦争が長引いています。こうした事態を迎えて、つくづく国際政治の難しさや厳しさ、また恐れすら覚えるのです。

　このような中であたかもその状況を煽るように「戦後国際システムの崩壊」「NATOが直面する安全保障の危機」「第三次世界大戦」などという物騒な見出しが、新聞や雑誌で目につきます。東アジアでも世界第二位の経済大国となった中国が軍事力の拡大を続け、「台湾有事」も近いのではとされ、朝鮮半島の情勢も不安定です。

　現在の危機的状況に対して、私たちができることは非常に限られています。しかし私たちはもしかすると歴史的な転換点かもしれない重大な時に立たされているのかもしれません。現在は常に「歴史」を生み出しているのです。過去及び現在の国際政治の状況をふり返ると、このことは実感として感じられるのではないでしょうか。

　E.H.カーの「歴史とは現在と過去の対話である」ということばを掲げるまでもなく、現在ならびに将来のことを考える上で、歴史から学ぶことは多くありますし、現在の状況から過去のことが明らかになることもまた、あるのです。現在が過去の積み重ねで成り立っているからこそ、歴史を学ぶことは現在ならびに将来を考える上で、必要かつ有用であると思われます。そんなことを念頭に置いて学び、そして現在の国際情勢を考えてほしいと思います。この講義が少しでもそうしたことに貢献できれば幸いです。

主要参考文献一覧————————————————————

（直接引用した著作、資料集、翻訳書、教科書、辞典、新書版・文庫版で手に入り易い
物を中心に）

鹿島平和研究所編『現代国際関係の基礎文書』、鹿島平和研究所、2013 年

外務省編『日本外交主要文書並年表　1840-1945』上・下、原書房、1965-1966 年

鹿島平和研究所編『日本外交史主要文書・年表(1)1941-1960』、原書房、1983 年

鹿島平和研究所編『日本外交史主要文書・年表(2)1961-1970』、原書房、1984 年

鹿島平和研究所編『日本外交史主要文書・年表(3)1971-1980』、原書房、1985 年

鹿島平和研究所編『日本外交史主要文書・年表(4)1981-1992』、原書房、1995 年

外務省アジア局中国課監修『日中関係基本資料集　1971-1992 年』、霞山会、
　　1993 年

市川正明編『朝鮮半島近現代史年表・主要文書』、原書房、1996 年

石川忠雄・中嶋嶺雄・池井優編『戦後資料日中関係』、日本評論社、1970 年

近代中国人名辞典修訂版編集委員会（山田辰雄他）編『近代中国人名辞典　修訂
　　版』、霞山会・図書刊行会、2018 年

外務省外交史料館日本外交史辞典編纂委員会編『新版　日本外交史辞典』、山川
　　出版社、1992 年

猪口孝・田中明彦・恒川惠市・薬師寺泰三編『国際政治事典』、弘文堂、2002 年

川田侃・大畠英樹編『国際政治経済辞典』、東京書籍、2003 年

田中明彦・中西寛編『新・国際政治経済の基礎知識　新版』、有斐閣、2010 年

鹿島平和研究所編『日本外交史』全 34 巻、鹿島平和研究所出版会、1970-1974
　　年

有賀貞・宇野重昭・木戸蓊・山本吉宣・渡辺昭夫編『講座・国際政治』全 5 巻、
　　東京大学出版会、1989 年

野村浩一・山内一男・宇野重昭・小島晋治・竹内実・岡部達味編『岩波講座・現
　　代中国』全 6 巻・別巻 2、岩波書店、1989-1990 年

和田春樹・後藤乾一他編『岩波講座・東アジア近現代通史』全 10 巻、岩波書店、
　　2010 年 -2011 年

大江志乃夫・浅田喬二・三谷太一郎・後藤乾一・小林英夫・高崎宗司・若林正丈・
　　川村湊編『岩波講座・近代日本と植民地』全 8 巻、岩波書店、1992 年

日本国際政治学会太平洋戦争原因研究部編『太平洋戦争への道』全 8 巻、朝日新
　　聞社、新装版 1987 年

高原明生・服部龍二他編『日中関係史　1972-2012』Ⅰ政治（高原・服部編）、Ⅱ
　　経済（服部健治・丸川知雄編）、Ⅲ社会文化（園田茂人編）、Ⅳ民間（園田茂人
　　編）、東大出版会、2012 年 -2024 年

衛藤瀋吉・公文俊平・平野健一郎・渡辺昭夫『国際関係論』上・下、東京大学出

　　版会、第二版、1989 年

高坂正堯『国際政治―恐怖と希望―』、中公新書、1966 年

斎藤孝『国際政治の基礎』、有斐閣、1988 年

森聡・福田円編著『入門講義　戦後国際政治史』、慶應義塾大学出版会、2022 年

上原一慶他『東アジア近現代史・新版』、有斐閣、2015 年

川島真・服部龍二編『東アジア国際政治史』、名古屋大学出版会、2007 年

佐々木雄太『国際政治史―世界戦争の時代から 21 世紀へ―』名古屋大学出版会、
　　2011 年

池井優『三訂日本外交史概説』、慶應義塾大学出版会、1992 年

家近亮子『新訂・現代東アジアの政治と社会』、放送大学教育振興会、2020 年

家近亮子他『東アジアの政治社会と国際関係』放送大学教育振興会、2016 年

小此木政夫・赤木完爾編『冷戦期の国際政治』、慶應通信株式会社、1987 年

増田弘・波多野澄雄編『アジアのなかの日本と中国―友好と摩擦の現代史―』、
　　山川出版社、1995 年

衛藤瀋吉・岡部達味『世界の中の中国』、読売新聞社、1969 年

中嶋嶺雄『現代中国論―イデオロギーと政治の内的考察―』、青木書店、増補版
　　1971 年

中嶋嶺雄『中ソ対立と現代―戦後アジアの再考察―』、中央公論社、1978 年

入江昭『日本の外交』、中公新書、1966 年

入江昭『新・日本の外交―地球化時代の日本の選択―』、中公新書、1991 年

クリストファー・ソーン『満州事変とは何だったのか―国際連盟と外交政策の限
　　界―』上・下、草思社、1994 年

臼井勝美『満州事変―戦争と外交と―』、中公新書、1974 年

臼井勝美『新版日中戦争―和平か戦争拡大か―』、中公新書、2000 年

秦郁彦『日中戦争史』増補改訂版、河出書房新社、1972 年

細谷千博他編『太平洋戦争』、東京大学出版会、1993 年

細谷千博他編『太平洋戦争の終結―アジア・太平洋の戦後形成―』、柏書房、
　　1997 年

池井優「満州事変をめぐる日米の相互イメージ」『国際政治』第 34 号、1967 年

浜口裕子「満州事変をめぐる米中関係」、常磐学園短大『常磐学園短期大学研究
　　紀要』第 17 号、1988 年

グレゴリー・ヘンダーソン（鈴木沙雄・大塚喬重訳）『朝鮮の政治社会』、サイマ
　　ル出版会、1973 年

田代和生『日朝交易と対馬藩』、創文社、2007 年

朝鮮史研究会編『朝鮮の歴史・新版』、三省堂、1995 年

金栄作『韓末ナショナリズムの研究』、東京大学出版会、1975 年

ブルース・カミングス（鄭敬謨・林哲・加地永都子訳）『朝鮮戦争の起源・1・

1945 年 –1947 年、解放と南北分断体制の出現』、明石書店、2012 年

ブルース・カミングス（鄭敬謨・林哲・加地永都子訳）『朝鮮戦争の起源・2・上・下 1947 年 –1950 年、「革命的」内戦とアメリカの覇権』、明石書店、2012 年

神谷不二『朝鮮戦争』、中公新書、1966 年

野村浩一『蔣介石と毛沢東』、岩波書店、1997 年

横山宏章『孫文と袁世凱』、岩波書店、1996 年

天児慧『巨龍の胎動 毛沢東 VS 鄧小平』〈中国の歴史 11〉、講談社、2004 年

サンケイ新聞社『蔣介石秘録―日中関係八十年の証言』上・下、サンケイ新聞社、1985 年

産経新聞「毛沢東秘録」取材班『毛沢東秘録』上・下、産経新聞社、1999 年

高文謙・植村幸治『党機密文書は語る―周恩来秘録』上・下、文春文庫、2010 年

ヘンリー・A・キッシンジャー（斎藤彌三郎他訳）『キッシンジャー秘録』全 5 巻、小学館、1979–1980 年

ヘンリー・A・キッシンジャー（塚越敏彦他訳）『キッシンジャー回想録　中国』上・下、岩波現代文庫、2021 年

リチャード・ニクソン（松尾文夫・斎田一路訳）『ニクソン回顧録』全 3 巻、小学館、

ハリー・S・トルーマン（加瀬俊一監修、堀江芳孝訳）『トルーマン回顧録』Ⅰ・Ⅱ、恒文社、1992 年

小倉貞男『ドキュメント ヴェトナム戦争全史』、岩波書店、1992 年

坪井善明『ヴェトナム』、岩波新書、1994 年

油井大三郎・古田元夫「第二次世界大戦から米ソ対立へ」、樺山紘一・礪波護・山内昌之編『世界の歴史 第 28 巻』中央公論社、1998 年

その他

索 引

256

266

【著者略歴】

浜口 裕子 （はまぐち・ゆうこ）

1953 年東京に生まれる
慶應義塾大学法学部、同大学院法学研究科博士課程修了、法学博士
文化女子大学助教授、拓殖大学政経学部教授を経て、
現在拓殖大学国際日本文化研究所客員教授

【主要著書】
『橘橋と中国』（共著・山本秀夫編、勁草書房、1990 年）
『日本統治と東アジア社会—植民地期朝鮮と満洲の比較研究—』（勁草書房、1996 年）
『橘樸　翻刻と研究—「京津日日新聞」—』（共編著・山田辰雄・家近亮子と共編、慶應
　　義塾大学出版会、2005 年）
『満洲国留日学生の日中関係史—満洲事変・日中戦争から戦後民間外交へ—』（勁草書房、
　　2015 年）
『大学生のための日本外交史講義』（一藝社、2022 年）　　ほか多数

大学生のための東アジア国際政治史講義

2022 年 11 月 20 日　　　初版第 1 刷発行

著　者　　　　浜口　裕子

発行者　　　　菊池　公男

発行所　　　　株式会社 一 藝 社
　　　　　　　〒 160-0014 東京都新宿区内藤町 1-6
　　　　　　　TEL 03-5312-8890
　　　　　　　FAX 03-5312-8895
　　　　　　　振替　東京 00180-5-350802
　　　　　　　E-mail：info@ichigeisha.co.jp
　　　　　　　HP：http://www.ichigeisha.co.jp

印刷・製本　　モリモト印刷株式会社